Gewidmet meinen Eltern und Sole

Inhalt

Zeichenerklärung

★★★ nicht verpassen
★★ besonders sehenswert
★ wichtig für speziell interessierte Besucher

[A1] Planquadrat im Kartenmaterial. Orte ohne diese Angabe liegen außerhalb unserer Karten. Ihre Lage kann aber wie von allen Ortsmarken mithilfe der begleitenden Web-App angezeigt werden (s. S. 139).

◁ Ganz schön fischig – im Quartier Noailles, s. S. 86 (Foto: 045ml-mb)

Michaela Beimfohr

CITY|TRIP

MARSEILLE

Nicht verpassen!

Karte S. 5

1 Vieux-Port [F4]
Am Alten Hafen begann die Geschichte der Stadt und hier schlägt nach wie vor ihr Herz. Der Wirkung dieses quirligen und bunten Zentrums mit dem Flair vergangener Zeiten kann man sich nur schwer entziehen (s. S. 54).

6 Vieille Charité [E3]
Der ursprünglich als Armenhaus konzipierte Gebäudekomplex mit schöner Barockkapelle ist durch seine architektonische Klarheit ein Meisterstück von Pierre Puget (s. S. 60).

9 Fort Saint-Jean [D4]
Die weitläufige Festungsanlage diente nicht nur dem Schutz der Stadt, sondern auch als Signal der absoluten Macht des Sonnenkönigs Louis XIV. (s. S. 64).

10 Cathédrale de la Major [D3]
Die monströse Kathedrale im romanisch-byzantinischen Stil ist schon vom Meer aus gut sichtbar. Das Innere wirkt wie ein riesiger Rittersaal und der Altar ähnelt einem byzantinischen Tempelchen (s. S. 65).

13 Basilique Notre-Dame-de-la-Garde [F6]
Die Basilika mit dem 60 m hohen Turm und der vergoldeten Madonna ist ein städtisches Heiligtum und gilt als *das* Wahrzeichen von Marseille (s. S. 69).

28 Vom Marché des Capucins zur Rue Halle Delacroix [G3]
Auf dem Multikulti-Markt tanzt Knoblauch mit Aubergine, Paprika streichelt Fenchel und Adidas trifft Kaftan (s. S. 86).

38 Cité Radieuse [K11]
Die 1952 entstandene „Stadt auf Stelzen" ist ein Musterbeispiel für progressive Architektur und moderne Stadtentwicklung (s. S. 95).

41 Corniche Kennedy [B5]
Meer, Villen, Parks, Viadukte, Jogger, Angler, Hotels, Restaurants, Busse, Autos – das ist typisch Marseille (s. S. 98).

43 Les Goudes
Das letzte Fischerdorf im Süden von Marseille ist eine wahre Idylle. Ein Stück weiter geht es zum Land's End (s. S. 102).

44 Iles du Frioul
Die Inselgruppe lockt mit viel Natur und der Legende, dass der Graf von Monte Christo hier eingekerkert war (s. S. 103).

Leichte Orientierung mit dem cleveren Nummernsystem

Die Sehenswürdigkeiten sind im Text und im Kartenmaterial mit derselben **magentafarbenen ovalen Nummer** 1 markiert. Alle anderen Lokalitäten wie Geschäfte, Restaurants usw. tragen ein **Symbol und eine fortlaufende rote Nummer** (1). Die Liste aller Orte befindet sich auf S. 136, die Zeichenerklärung auf S. 139.

Poulpe-Roc,Ned
7.50kg
POISSONNERIE

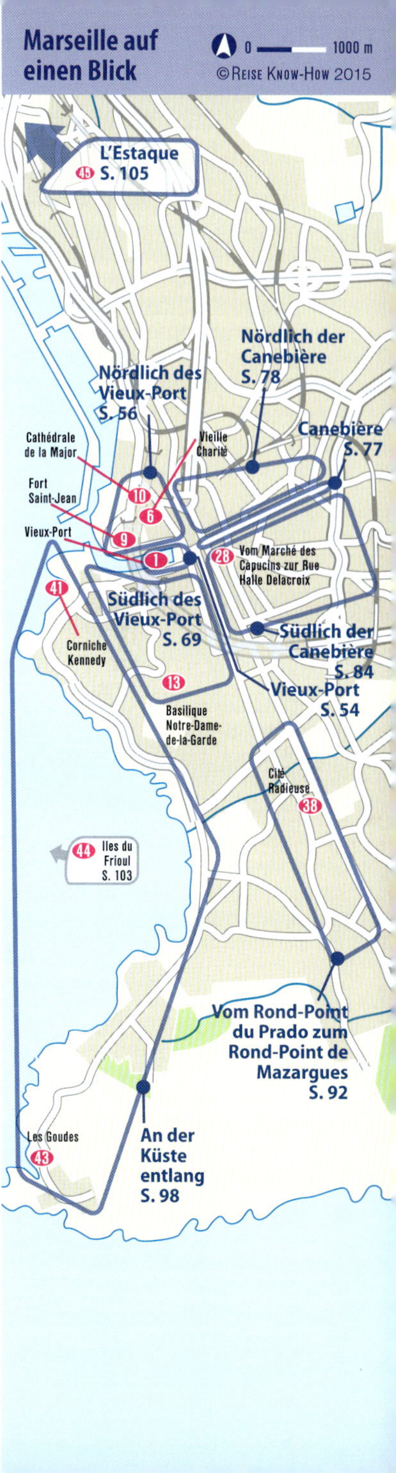

Marseille auf einen Blick
0 1000 m
© Reise Know-How 2015
L'Estaque
45 S. 105
Nördlich der Canebière S. 78
Nördlich des Vieux-Port S. 56
Cathédrale de la Major
Vieille Charité
Canebière S. 77
Fort Saint-Jean
10
6
9
Vieux-Port
1
28
Vom Marché des Capucins zur Rue Halle Delacroix
41
Südlich des Vieux-Port S. 69
Corniche Kennedy
Südlich der Canebière S. 84
13
Vieux-Port S. 54
Basilique Notre-Dame-de-la-Garde
Cité Radieuse
38
44 Iles du Frioul S. 103
Vom Rond-Point du Prado zum Rond-Point de Mazargues S. 92
Les Goudes
43
An der Küste entlang S. 98

Für Sie entdeckt

Marseille hat einen Imagewechsel durchgemacht und sein schmutziges Gesicht gewaschen. Die Stadt ist nicht nur eine große Hafenmetropole unter südlicher Sonne mit einer beeindruckend langen und aufregenden Geschichte, nein, sie verkörpert auch eine besondere Lebensart, wie man sie nur hier antrifft. In den vergangenen Jahren sind rund um die Hafenanlagen neue Kunsträume, Shoppingareale, Flaniermeilen und gehobene Gastronomie-Objekte entstanden.

Neues Hotel nahe den Calanques

Am Rande der Stadt und mitten im Grünen befindet sich das charmante und ausgefallene Hôtel96 (s. S. 102), das geradezu mit der Natur verschmilzt. Herzlicher Empfang garantiert!

Schönste Künste

Nach langjährigen Renovierungsarbeiten hat das Museum der Schönen Künste (Musée des Beaux-Arts), 1801 gegründet und somit das älteste Museum der Stadt, wieder geöffnet. Das Warten hat sich gelohnt (s. S. 36)!

Marseilles neuer Luxus

Flanieren, shoppen, Kunst genießen und schlemmen: Seit Mitte 2014 bieten die „Voûtes de la Major" zu Füßen der Cathédrale de la Major sowie die unmittelbar am Meer liegenden „Terrasses du Port" ausreichend Gelegenheit dazu (s. S. 52).

Gesundes Eis

bietet Vanille Noire (s. S. 29) am Rande des Panierviertels mit einer großen Auswahl unterschiedlicher Geschmacksrichtungen.

091ml Abb.: mb

AUF INS VERGNÜGEN

Marseille an einem Wochenende

Marseille bedeutet Stadt und Meer. Wenn man nur zwei Tage Zeit hat, muss man sich auf beides einlassen, um ein möglichst stimmiges Bild der Metropole zu bekommen.

1. Tag: Stadtspaziergang

Warum nicht sehr französisch in den Tag starten, ein Croissant besorgen und zusammen mit einem Espresso im Café an der Ecke verputzen? Ein *petit-déjeuner* vor dem wichtigen Rendezvous mit der „Bonne Mère", dem Madonnenkoloss auf der **Basilique Notre-Dame-de-la-Garde** 13. Mit Auto, Bus oder Bimmelbahn (s. S. 117) ist Marseilles Wahrzeichen locker zu erreichen, per pedes ist der Aufstieg zum höchsten Hügel der Stadt eine nette sportliche Herausforderung. Oben angelangt sieht der Besucher ganz Marseille vor sich ausgebreitet und kann beginnen, es kennenzulernen, zu verstehen und (hoffentlich) zu lieben. Und wenn er sich am überwältigenden Panorama, das sicher zu den schönsten Europas gehört, sattgesehen hat, sollte er das Innere der Kirche, die Krypta und die prunkvolle Basilika, aufsuchen. Vielleicht findet gerade eine der ehrwürdigen Messen statt: interessant und berührend auch für den ungläubigen Gast.

Wer gut zu Fuß ist, kann die Stufen des Montée Commandant René Valentin hinabsteigen und den Chemin du Roucas Blanc in Richtung **Vieux-Port** 1 hinunterlaufen (alternativ fährt am Boulevard Tellene die Buslinie 55). Nach einem guten Kilometer erreicht man den **Four des Navettes** (136 Rue Sainte). Bereits vor der alten Saint-Victor-Klosterbäckerei liegt ein Duft von Orangenblüten in der Luft und es fällt schwer, der traditionellen Pilgernahrung zu widerstehen. Bietet es sich doch an, die kleine Pause auf dem Plateau vor der **Basilique Saint-Victor** 16 mit einem „heiligen Keks" zu versüßen.

Auf dem kleinen Spaziergang ins Stadtzentrum kann man zur Linken durch die schmalen Gassen immer wieder einen kurzen Blick auf den **Vieux-Port** 1 mit seinem bunten Treiben werfen. Auf dem **Cours Honoré-d'Estienne-d'Orves** 19, einem schönen Platz mit der Aura eines italienischen Marktfleckens, tischen zur Mittagszeit Restaurants und Brasserien das *plat du jour* („Tagesgericht") auf. Bei dem reichhaltigen Angebot ist für jeden Geschmack etwas dabei.

Über den Place aux Huiles geht es zum **Quai de Rive Neuve.** Von hier tuckert das Ferry-Boat (s. S. 55) zur gegenüberliegenden Hafenseite, dem Quai du Port. Alternativ kann man der Uferpromenade folgen. Am **Hôtel de Ville** 2 vorbei überquert man den Place Villeneuve Bargemon und steigt über den Montée des Accoules ins **Panier-Viertel** [E3].

▷ *Badespaß am Pradostrand*

◁ *Vorseite: Drachenfest am Parc Balnéaire du Prado (s. S. 42)*

Routenverlauf im Stadtplan

Der hier beschriebene Stadtspaziergang ist mit einer grünen Linie im Kartenmaterial eingezeichnet.

Die warmen Farben der Häuser, flatternde Wäsche, bunte Blumen vor den Fenstern, streunende Katzen und Kinderlachen: Es lohnt sich, sich für den ältesten Teil von Marseille Zeit zu nehmen, genau hinzuschauen und zu fühlen, denn noch heute hat dieses Quartier einen ganz besonderen Charme. Ein ruhiges Plätzchen findet man am **Place des Moulins** 5, dem höchsten Punkt des „Panier", einen historischen Ort dagegen mit dem Gebäude der **Vieille Charité** 6, einem Beispiel für Architektur aus alter Zeit.

Anschließend geht es durch die Rue de la Republique wieder Richtung **Vieux-Port** 1 bis zu der Rue Henri Fiocca auf der linken Seite. Wer noch ein wenig tiefer in die Geschichte der Stadt eintauchen will, dem sei hier ein Besuch des **Musée d'Histoire** (s. S. 36) empfohlen. Danach kann man den Staub der Vergangenheit mit einem Aperitif am **Vieux-Port** 1 hinunterspülen und sich auf das Abendessen freuen.

2. Tag: am Meer

Auf der Terrasse der Brasserie La Samaritaine (s. S. 28) am **Vieux-Port** 1 kann man den Tag wunderbar beginnen. Hier erlebt man bereits zu früher Stunde die Intensität des mediterranen Lichtes und befindet sich schon mittendrin im Hafentrubel. Allmorgendlich findet gleich gegenüber am Quai des Belges der **Marseiller Fischmarkt** statt. Welch ein Spaß, sich in das Geschiebe und Getümmel der Käufer und Gaffer zu stürzen! Der *marché* in Marseille beginnt viel später als sein Hamburger Pendant und ist bedeutend kleiner, doch er hat sich vielleicht gerade deswegen etwas sehr Liebenswertes und Ursprüngliches bewahrt. In welcher Hafenmetropole kann man schließlich noch traditionelle Fischerboote an der Kaimauer dümpeln sehen, nachdem sie gerade Drachenkopf, Wolfsbarsch und andere frische Fische angelandet haben?

007ml Abb.: mb

Marseille an einem Wochenende

Wem die schlichten *pointus* mit den großen Buchstaben MA auf dem Bug nicht ausreichen, wer „wirkliche" Schiffe sehen will und sich gleichzeitig über die Entwicklung der maritimen Schiffsarchitektur informieren möchte, für den ist ein Abstecher in das **Palais de la Bourse** 25 mit seinem Musée de la Marine et de l'Economie (s. S. 36) genau das Richtige. Ein Eldorado für Liebhaber sorgfältig gefertigter und liebevoll präsentierter „schiffiger" Schmuckstücke aller Größen und Epochen! Danach tut vielleicht ein Spaziergang am Quai de Rive Neuve entlang bis zum **Palais du Pharo** 17 gut. Im großzügig angelegten Palastgarten kann man lustwandeln, ruhen oder einfach den Blick auf Stadt und Meer genießen.

Das *billet* („Fahrkarte") für den Bus 83 (Haltestelle Fort Saint-Nicolas) ist eigentlich unbezahlbar. Seine Route auf der **Corniche Kennedy** 41 ermöglicht dem Fahrgast, mehr als vier Kilometer direkt am Meer entlangzufahren, herrliche Fernsicht inklusive! Lust auf ein kleines Sonnenbad zwischendurch? Dann einfach in **Endoume** aussteigen und durch die schmalen Gässchen dieses reizenden Viertels bis hinunter ans Meer gehen!

Wenn der kleine Hunger kommt, besorgt man sich einen Snack an der Corniche und verspeist ihn genüsslich mit einem Café in der Bar de la Grande Terrasse (s. S. 99) – das geht hier – oder man schaut bei Rodolphe (s. S. 99) vorbei und gönnt sich eine seiner köstlichen Pizzen. Anschließend geht es weiter, mit der 83 natürlich, zum Areal des Parc Balnéaire du Prado bis zum **Pointe-Rouge** 42, einer weitläufigen Strandanlage. Am Wasser schlendern, im Meer schwimmen, sporteln oder einfach nur herumliegen – Freizeitspaß ohne Ende. Wer es ein wenig romantischer wünscht, bleibt bis zum Sonnenuntergang. Ein himmlisches Finale des Tages am Meer!

008ml Abb.: mb

Das gibt es nur in Marseille

- *die „Rastschlange" am Meer: eine Küstenbank aus Beton mit Platz für 3400 Hinterteile nebeneinander (s. S. 100)*
- *Schilda lässt grüßen: das Rathaus ohne Treppe (s. S. 56)*
- *Genua an jeder Ecke: Rund 60 (!) Pizzawagen sind über die ganze Stadt verteilt.*
- *ein Handgelenk mit dem Umfang eines Autoreifens: das goldene Marienkind in den Armen der „Bonne Mère" (s. S. 70)*

Marseille für Citybummler

Marseille ist eine Stadt am Meer. Das ist unüberhörbar, wenn die Brandung gegen die Felsen klatscht und sich die großen Fähren mit dumpfem Tuten in Richtung Afrika verabschieden. Schlendert man durch das Zentrum, ist immer mal ein Stückchen Hafen und Horizont zwischen den Häuserfronten zu sehen und egal, wo man beginnt und wohin es gehen soll, irgendwie landet man doch wieder am Meer.

Bummeln durch die City ist wie eine Reise durch die Zeiten. Überall berühren sich Gegenwart und Vergangenheit, und um Letztere zu spüren, sollte man zunächst treppauf, treppab durch das **Panier-Viertel** (s. S. 57) laufen, dem ältesten Quartier von Marseille.

Eine Wohltat ist es dann, im Schatten der **Charité-Kolonaden** 6 die Kühle der jahrhundertealten Mauern zu spüren. Das **Fort Saint-Jean** 9 ist ein Wahrzeichen der Stadt und zudem ein Touristenmagnet. Man sollte an seiner gewaltigen Front vorbei an der Mole entlang laufen. Der Blick zurück auf Fort, Stadt und **Cathédrale de la Major** 10 zur Linken formt sich dann zu einem atemberaubenden monochromen Panorama, das Marseille besser erklärt als viele Worte: Der kleine Schlenker hat sich gelohnt.

Einmal Marseille von oben erblicken, die unglaubliche Größe der Stadt aus einer ganz anderen Perspektive sehen? Dann sollte man einfach in Richtung Touristennest **Notre-Dame-de-la-Garde** 13 laufen und sich auf den Trampelpfaden rund um die Basilika bewegen.

Die spröde Schönheit von Marseille lässt sich sehr gut bei einem Bummel durch seine Straßen erkennen. Dafür sollte man sich Zeit nehmen. Denn auf dem Weg durch die Stadt entdeckt man immer wieder verschwiegene Plätze und versteckte Hinterhöfe, trifft auf hitzeflirrende Boulevards mit feinen

Die „Rastschlange": Eine 1,8 Kilometer lange Betonbank zieht sich die Küstenstraße entlang

Lustige Stadtrundfahrt mit dem Petit Train (s. S. 117)

012ml Abb.: mb

Boutiquen, schlürft einen Pastis im Künstlerviertelchen um den **Cours Julien** 30 oder einen Minztee in einer arabischen Teestube am **Marché des Capucins** 28.

Wem ob des eher frugalen französischen Frühstücks der Magen knurrt, der kann zum Marseiller Dreikampf antreten: Aperitif, *plat du jour,* Siesta. Bei den ersten beiden Disziplinen sollte man den brodelnden **Vieux-Port** 1 meiden und sich in einem der vielen Bistros der Gassen rundherum verwöhnen lassen. Für die Siesta bietet sich ein Stückchen Rasen hinter dem **Palais Longchamp** 21 an: Neben der Staffelei eines zeichnenden Kunststudenten bekommt das Päuschen Stil.

Es sind nicht nur die vielen Sehenswürdigkeiten, die Marseille ausmachen, es sind die Menschen aus aller Herren Länder, die der Metropole ihr Gesicht verleihen. Eine besondere und für die Stadt typische Spezies findet man frühmorgens am Hafen, wenn die Fischer müde vom Meer zurückkommen, ihren Fang anlanden und mit dem ersten Kunden lautstark um einen Preis feilschen.

Wenn abends die Lichter angehen, lohnt sich ein Gang zur **Basilique Saint-Victor** 16: Von hier aus sieht man die Sonne hinter den **Frioul-Inseln** 44 ins Meer plumpsen und die letzten Möwen schreien sich am roten Abendhimmel ein „bonne nuit" (gute Nacht) zu – das ist Marseille!

Shoppingareale

Die wichtigsten Shoppingbereiche der Stadt sind im Kartenmaterial mit einer rötlichen Fläche markiert.

Die Rue Saint-Ferréol ist eine autofreie Einkaufsstraße [G4]

Marseille für Kauflustige

Die Stadt hat etwas anzubieten und zeigt das auf ihre sehr eigene Art und Weise. Die einzelnen Quartiers liegen Rücken an Rücken, oft nur durch Straßen und Plätze getrennt, sind aber absolut verschieden in ihrer Bevölkerungsstruktur, der Historie, ihrem sozialen Status und dem daraus resultierenden Image. Unschwer abzulesen ist dies an dem jeweiligen Auftritt der zahlreichen Geschäfte: der Aufmachung (chaotisch oder kultiviert), der Werbung (marktschreierisch oder leise), der Wahl der Produkte (Reis oder Rolex) und der Zielgruppen (Bürger oder Boheme). Hinein in das Konsumlabyrinth von Marseille!

In der Hauptfußgängerzone, der **Rue Saint-Ferréol** mit dem Hôtel de la Préfecture 33 an dem einen und dem großen Einkaufszentrum **Centre Commercial Bourse** am anderen Ende, reiht sich Laden an Laden. Wie auch in den Shoppingarealen anderer Großstädte findet man hier alle gängigen Marken.

Parallel und östlich zur Rue Saint-Fé verläuft die **Rue Paradis** und dort geht es wahrlich paradisisch zu. Aber Obacht, in den feinen Boutiquen mit den exklusiven Labels ist man heißhungrig auf goldene Kreditkarten! Ganz anders zeigt sich die **Rue de Rome** auf der Westseite. Hier kauft man Nützliches günstig ein, aber auch Krimskrams und bedruckte T-Shirts sind für ein paar Euro zu haben.

Die schmalen Gassen weiter oben **rund um den Cours Julien** 30 gelten als Tummelplatz der Kreativen, ein Mikrokosmos für die etwas andere Mode, extravaganten Schmuck und freche Möbel. Wer dagegen das Besondere will und keine klar formulierten Wünsche hat, sollte in den schmucken Läden im Viertel rund um die Oper 26 herumstöbern. Ganz in der Nähe, am Anfang der **Rue Sainte**, gibt es coole Klamotten und Pfiffiges zum Aufhübschen. Liebhaber von schönem alten Interieur sind auf der Antiquitätenmeile **Rue Edmond Rostand** genau richtig – es ist richtig aufregend, hier nach verborgenen „Schätzchen" zu graben. Und als besondere Empfehlung: Die **Rue de la République** 12 ist noch nicht so überlaufen wie die anderen Einkaufszonen, bummeln und in den Geschäften herumwühlen macht hier (noch) richtig Spaß.

Seit 2014 haben die „Voûtes de la Major" (Gastronomie, Einzelhandel, s. S. 14) zu Füßen der Cathédrale de la Major 10 sowie „Les Terrasses", Marseilles neue Shoppingmeile und erstes europäisches Einkaufszentrum direkt am Meer, eröffnet!

Kaufhäuser/Shoppingareale

1 [D1] **Centre Commercial Les Terrasses du Port**, 9 Quai du Lazaret, www.lesterrassesduport.com, tägl. 10–20 Uhr (Boutiquen), Restaurants bis 1 Uhr (WLAN überall gratis), Metro oder Tram 2 bis Joliette. Weitere Infos s. S. 52.

2 [G4] **Galeries Lafayette**, 40–48 Rue Saint-Ferréol, Tel. +33 (0) 496113500, geöffnet: Mo.–Sa. 10–20 Uhr, www.galerieslafayette.com. Dépendance der Pariser Luxus-Warenhauskette mit einem Markenmix bekannter Designer- und neuer Modelabels.

3 [G3] **Galerics Lafayette im Centre Bourse**, 28 Rue Bir Hakeim, Tel. +33 (0) 491568212, geöffnet:

EXTRATIPP

Stilsichere Mode für die ganze Familie

Agnès Andrée Marguerite Troublé hat das Modelabel agnès b. aufgebaut und in vielen Städten Frankreichs erfolgreich vermarktet, Dependancen gibt es u. a. in London, Berlin, Tokio und New York. Agnès Troublé ist eine vielschichtige Persönlichkeit, deren Liebe neben dem Modedesign der Musik und dem großen Kino, speziell dem „Film noir", gehört, was sichtbar in das Gestaltungskonzept ihrer Stores einfließt: Filmposter hängen an den Wänden, man findet winzige erotische Signale und ab und an gibt es Vernissagen in einem eigens dafür reservierten Ausstellungsraum. Außerdem ist es Teil ihrer Firmenphilosophie, dass die hauptsächlich in Frankreich hergestellten Produkte in guter Qualität und unter Beachtung sozialer Aspekte gefertigt werden. Auch in Marseille wird die zeitlose Mode der agnès b. wohltuend unaufgeregt und übersichtlich präsentiert und man kann nach Herzenslust in Basics und Frechem stöbern. Das Personal reagiert flott: passende Schuhe, die stimmige Handtasche und ein kesses Tüchlein liegen haste-nicht-gesehen bereit. Aber niemand ist böse, wenn man sich nach stundenlangen Pirouetten vor den großen Spiegeln nicht sofort entscheiden kann. So bleibt die Vorfreude auf einen weiteren Ausflug in das modische Wunderland der agnès b. Vielleicht schon morgen?

8 [F4] **agnès b.,** 31–33 Cours Honoré-d'Estienne-d'Orves, Tel. +33 (0) 496110450, www.agnesb.fr, geöffnet: sommers 10–19.30 Uhr, winters 10–19 Uhr

Mo.–Sa. 9–20, So. 10–20 Uhr, www.galerieslafayette.com. Die zweite Filiale der Lafayette-Kaufhäuser in Marseille. Im Centre Bourse laden zusätzlich ein Supermarkt mit internationalen Delikatessen und ein japanisches Schnellrestaurant zum Besuch ein.

4 [D3] **Les Voûtes de la Major,** 12 Quai de la Tourette, www.lesvoutes-marseille.fr, www.leshallesdelamajor.com, täglich 9–19 Uhr, Metro Linie 2 bis Joliette oder Tram 2 bis République Dames. Weitere Infos s. S. 52.

Modemarken

5 [F3] **Desigual,** 18 Rue de la République, Tel. +33 (0) 491915189, www.desigual.com, geöffnet: Mo.–Sa. 10–19, So. 11–18.30 Uhr. Das war längst fällig. Erst 2008 eröffnet, lockt hier ein flippig-buntes „Dschungelcamp" mit witzigen Klamotten aus Spanien. Tolle Ideen, freche Lösungen, gute Qualität.

6 [E3] **Le Comptoir du Panier,** 1 Montée des Accoules, Tel. +33 (0) 491912965, Mo.–Sa. 10–19 Uhr, in den Schulferien auch So. 10–19 Uhr. Shirt, Top und Rock werden hier von sechs Labels wie zum Beispiel La Méchante Sardine und Oputincon verkauft. Die halbe Marseiller Freestyletruppe ist mit ihren Produkten vertreten und immer steht die Hafenmetropole im Vordergrund, kein Wunder, dass dabei eine Flut von „maritimen" Kreationen herauskommt!

7 [G4] **Princesse tam·tam,** 24 Rue Paradis, Tel. +33 (0) 491332177, www.princessetamtam.com, geöffnet: Mo.–Fr. 10–19, Sa. 10–19.30 Uhr. Nach dem Kultfilm mit der famosen Josephine Baker aus dem Jahre 1935 titulierte Dessousboutique mit Wäsche zum Ausziehen, erotischer Nachtmode und neckischem Beiwerk. Mutig, überraschend und in Hochglanz verpackt.

Bücher

9 [G3] **Fnac,** Centre Commercial Bourse, 17 Square Belsunce, Tel. +33 (0) 825020020, www.fnac.com, geöffnet: Mo.-Sa. 10-19 Uhr. Gigantisches Buchangebot plus Mediamarkt: Von CDs, DVDs und Games über Handys bis hin zu Software und Großbildfernseher – im Obergeschoss des Einkaufszentrums gibt es (fast) alles.

10 [I4] **Histoire de l'œil,** 25 Rue Fontange, Tel. +33 (0) 491482992, www.histoiredeloeil.com, Di.-Sa. 10-19 Uhr, oftmals den August über geschlossen. Hervorragende zeitgenössische Literatur, Kunst, Poesie, Theater, Krimi und schöne Kinderbände: Das Buch lebt, es lebe das Buch!

11 [I10] **Librairie Prado Paradis,** 19 Avenue de Mazargues, www.librairiepradoparadis.fr, Tel. +33 (0) 491765596, geöffnet: Mo.-Sa. 10-19 Uhr. Gut sortierte Buchhandlung ganz in der Nähe vom Rond-Point du Prado. Der brandneue Roman, aber auch alte Dichtung, wartet im Regal, zudem gibt es Schreibwaren und eine bunte Kinderabteilung in der ersten Etage.

12 [H3] **Maupetit Librairie,** 142 La Canebière, Tel. +33 (0) 491365050, www.maupetitlibraire.fr, geöffnet: Mo.-Sa.10-19 Uhr. Ein Hort des Wortes, eine Huldigung an das Buch und das auf 900 Quadratmetern. Man wird freundlich begrüßt, kundig beraten und hat alle Zeit der Welt. Ein Tummelplatz für große und kleine Leseratten.

Was man sonst noch so braucht

13 [G4] **Access,** 1 Rue Pythéas, Tel. +33 (0) 491337975, geöffnet: Di.-Sa. 11-19 Uhr. Fast könnte es sein wie zu Kolonialzeiten: Eine holländische Fregatte löscht ihre Fracht im Hafen und eine schwere Truhe mit prächtigem Geschmeide landet direkt im Laden von Letty Canoy – zu schön, um wahr zu sein! Es bleibt aber wohl doch leider nur ein Traum und darum kauft die kesse Niederländerin schönen Schmuck aus Indien, Thailand, Afghanistan und Nepal direkt auf Pariser Accessoiremärkten ein. Silberne Halsketten, feine Ringe und raffinierte Armreifen sind in der nur 2,4 m breiten, klimatisierten (darauf ist man sehr stolz) Bijouterie liebevoll aufgereiht, glitzernde Schätze aus fernen Ländern.

14 [J8] **Au Vieux Campeur,** 255 Avenue du Prado (Metro Rond-Point du Prado und dann 5 Min. Fußweg), Tel. +33 (0) 491163030, www.auvieuxcampeur.fr, geöffnet: Mo. 11-19 Uhr, Di.-Fr. 11-19.30, Sa. 10-19 Uhr. Wandersocken, Schnorchel oder Badezeug vergessen? Kein Problem, hier gibt es alles für Freizeit und Sport. Die Preise sind korrekt und das Fachpersonal kompetent.

15 [G4] **Durance en Provence,** 40 Rue Francis Davso, Tel. +33 (0) 491335247, www.durance.fr, geöffnet: Mo.-Sa. 10-19 Uhr. Pflanzenextrakte, feinste Essenzen und subtile Düfte: Die Firma

EXTRATIPP

Déco, Retro & Vintage!

Ein prächtiges Geschenklädchen mit allem, was man nie wirklich braucht und trotzdem unbedingt haben muss. Handtaschen, Déco, Accessoires, magische Düfte, Schnick und Schnack vom Feinsten von tollen Labels wie Laissez Lucie faire, La Marelle, Natives, Amélie et Mélanie füllen den Laden. Und wer was vergessen hat: Der Shop im Internet wird's richten.

16 [H4] **Dans tes rêves ...,** 1 bis Rue Pastoret, Tel. +33 (0) 671119944, www.danstesreves-deco.com, geöffnet: Mo.-Sa. 10-19 Uhr

mit Sitz in Grignan im Herzen der Provence steht für reine Naturprodukte.

17 [G4] **La Chapellerie Marseillaise,** 5 Cours Saint-Louis, Tel. +33 (0) 491541416, www.chapellerie.com, geöffnet: Mo.-Sa. 10-19 Uhr, Mo. u. Di. 13-14 Uhr geschlossen. Borsalino oder Baskenmütze, Chapeau claque oder Strohhut – im ältesten Hutladen der Stadt findet jeder Kopf die passende Bedeckung.

18 [G4] **La Papéthèque,** 45 Rue Paradis, Tel. +33 (0) 491331179, geöffnet: Mo.-Fr. 9-19, Sa. 10-19 Uhr. Beste Auswahl an Papier, Karten, Stiften, Ordnern und allem, was der Schreiberling eben so braucht. Ein Paperpool im Herzen der Stadt.

19 [G4] **Maison du Gant,** 62 Rue St. Ferréol, Tel. +33 (0) 491330768, www.maisondugant.com, geöffnet: Mo. 10.30-19 Uhr, Di.-Sa. 9.30-19 Uhr. Alles, was den Körper, das Bein, den Hals und die Hand wärmt, ziert oder schönt, wird in der kleinen Familienboutique aus der Schublade gezogen: Freche Bademode von Chloé, freya und PinUpStar, dekorative Strumpfhosen von Gerbe und Chantal Thomass, feine Schals und elegante Handschuhe. Alles fühlt sich gut an und kann sich sehen lassen am Strand und auf den windigen Boulevards von Marseille.

20 [G4] **Maison Empereur,** 4 Rue des Récolettes, Tel. +33 (0) 491540229, www.empereur.fr, geöffnet: Mo.-Sa. 9-19 Uhr. Vom Küchenmesser bis zur Kettensäge, von der Nagelschere bis zur Heckenschere – seit 1857 wird auf zwei Etagen geballt, gleichwohl übersichtlich, präsentiert, was der Amateur in Haus und Garten so braucht. Es ist schier unmöglich, das Maison Empereur zu verlassen, ohne etwas erstanden zu haben, von dem man vorher nicht wusste, dass es für einen funktionierenden Haushalt absolut unverzichtbar ist.

EXTRATIPP

Klassiker: Savon, Santons und Navettes

Wer sich seine Hände in Unschuld waschen möchte, sollte zur **Marseiller Seife (savon)** greifen. Das Kultstück hat eine lange Tradition und die Rezeptur wird gehütet wie der sprichwörtliche Augapfel. Mit einem Anteil von 72 % ist Öl wichtigste Zutat der Rohmasse, aber wie daraus ein Seifenteil mit exzellenter Waschkraft wird, das weiß nur der „maître des savons". Im 18. Jh. war das Seifensieden ein wichtiger Wirtschaftsfaktor, aber synthetische Produkte hatten das kernige Waschzeug mit der Zeit verdrängt. Heute ist sie aber wieder da, in vielen Farben, Formen und Düften. Ökologisches Verständnis und eine neue Lust auf natürliche Inhaltsstoffe haben ihm eine verdiente Renaissance beschert, dem Phönix aus dem Öl!

21 [G4] **La Compagnie de Provence,** 18 Rue Francis Davso, Tel. +33 (0) 491330417, www.compagniedeprovence.com, geöffnet: Mo.-Sa. 10-19 Uhr, manchmal auch sonntags geöffnet. Richtig Wohlfühlen im Badezimmer. Cremes, Handtücher, hübsche Accessoires und natürlich die Seife! Ein moderner Laden, übersichtlich gestaltet und modern dekoriert.

22 [E3] **Philippe & Ciara Chailloux,** 10 Rue du Petit Puits, Tel. +33 (0) 491911457, www.philippechailloux.com, geöffnet: täglich 10-18.30 Uhr (sonntags nur bis 17 Uhr). Das Savon-Lädchen kommt daher wie eine Patisserie. Unzählige Seifenstücke sind wie große bunte Pralinen dekorativ aufgeschichtet und durch andere regionale Produkte wie gutes Olivenöl und leckere Konfitüren ergänzt.

„Santons", Krippenfiguren, die aus Ton geformt, gebrannt und bemalt sind, werden in Handarbeit hergestellt und dürfen bei keiner provenzalischen Krippendekoration fehlen.

23 [E3] **Arterra,** 15 Rue du Petit Puits, Tel. +33 (0) 491910331, www.santons-arterra.com, geöffnet: Mo.-Sa. 9-13, 14-18 Uhr. Bei Arterra sind die „santons“ eher dezent koloriert. Sehr besonders sind die weißen Weihnachtskrippen und auch die „tanzenden Arlerinnen“, Folklore Ton in Ton, ein hübscher Ringelreigen für die Anrichte!

24 [E5] **Santons Marcel Carbonel,** 47/49 Rue Neuve Sainte-Catherine, www.santonsmarcelcarbonel.com, Tel. +33 (0) 491542658, +33 (0) 491136136, geöffnet: (Manufaktur) Mo.-Do. 9-12, 14-17 Uhr, (Boutique und Museum) Di.-Sa. 10-12.30, 14-18.30 Uhr. Monsieur Carbonel hat 1935 die ersten Teile geknetet. Heute ist die Tonarmee der farbenfrohen „santons“ aus aller Welt auf stolze 2400 Stück angewachsen und wird im hauseigenen Museum ausgestellt. In der Boutique nebenan kann eingekauft werden.

„Navettes“ duften nach Historie und Orangenblüten und kommen als Schiffchen daher. Die harten Keksklassiker (Fremde, achtet auf eure Plomben!) werden seit 200 Jahren nach geheimem Rezept gebacken und bei dem Lichtmessfest als traditioneller Biskuit an die Gläubigen verfüttert.

25 [E3] **Les Navettes des Accoules – José Orsoni,** 68 Rue Caisserie, Tel. +33 (0) 491909942, www.les-navettes-des-accoules.fr, geöffnet: Mo.-So. 9.30-19 Uhr. Täglich frisch! Die robusten Navettes sind ein Jahr haltbar, drum gleich eine ganze 12er-Dose (13,50 €) organisieren!

013ml Abb.: mb

Traditionsreich und berühmt: gute Seife aus Marseille

014ml Abb.: mb

Santons: typisch provenzalische Tonfiguren

015ml Abb.: mb

26 [F3] **Marseille in the Box,** 13 Rue Reine Elisabeth, Tel. +33 (0) 491913239, www.marseilleinthebox.com, geöffnet: Di.-Sa. 10-13 Uhr und 14.30-19 Uhr, Mai-Sept. auch So. 10-13 Uhr. Wenn einer eine Reise tut, dann kann er was erzählen - und zeigen. Die Lieben daheim werden staunen über einen Olympique-de-Marseille-Teddy oder einen Notre-Dame-de-la-Garde-Aschenbecher! Die Box ist voll mit Werbekram, hier spricht die Stadt.

27 [G6] **Mobile de Curiosités,** 159 Rue Paradis, Tel. +33 (0) 491942387, www.mobiledecuriosites.com, geöffnet: Mo.-Fr. 10.30-19, Sa. 10.30-13 u. 14.30-19 Uhr. Wer wissen möchte, wie Franzosen ihr Nest aufpeppen, geht in eine der zahlreichen Schnick-Schnackerien dieser Stadt. Im Mobile de Curiosités ist schon der Name Programm, aber den wirklichen Unterschied zu den anderen Läden macht die Inhaberin Marion Charlet: Mit leichter Hand mischt sie Sinnarmes und Nützliches, ist immer auf der Suche nach attraktiven Labels aus der Region und ganz Europa und unter anderem bei lucy luce (Schmuck), ibride (Tabletts), Colonel (Lampen) fündig geworden. Ein buntes, wirklich liebevoll sortiertes Plätzchen in dieser unsortierten Stadt.

016ml Abb.: mb

Märkte

Hier gibt es fast alles

28 [G3] **Marché des Capucins,** Metro Noailles, Mo.-Sa. 7-19 Uhr, ausschließlich Obst und Gemüse

28 [I4] **Place Jean Jaurès,** Metro Cours Julien, Di., Do., Sa. 7-13.30 Uhr

29 [H6] **Prado/Castellane,** Metro Castellane, Mo.-Sa. 7-13.30 Uhr, Avenue du Prado vom Place Castellane **31** bis Metro Périer

Bauernmarkt

30 [H4] **Cours Julien**, Mi. 6.30-13.30 Uhr

Blumenmarkt

30 [F4] **Quai du Port** (Vieux-Port **1**), Di. und Sa. 7-13 Uhr

› **Place Jean Jaurès** (s. o.), Metro Cours Julien, Mi. 7-13 Uhr

31 [H6] **Prado/Périer,** Fr. 7-13 Uhr, Avenue du Prado vom Place Castellane **31** bis Metro Périer, gegenüber des Wochenmarktes

Fischmarkt

32 [F4] **Quai des Belges** (Vieux-Port **1**), tägl. 8.30-13 Uhr

„Les Nuitées Artisanales"/Kunsthandwerk

33 [F4] **Quai du Port** (Vieux-Port **1**), Mai-Sept. unregelmäßig 15-23 Uhr, genaue Daten im Internet unter www.mairie-marseille.fr

Authentisch

34 [E5] **Le Marché Saint-Victor,** 33 Rue d'Endoume, Di.-Sa. 7-14, Di./Mi. 18-20, Do.-Sa. 18-22 Uhr. Hochwertige Produkte auf 200 überdachten Quadratmetern!

Der Seeteufel, ein leckeres Monster auf dem Fischmarkt (s. o.)

Bio, Bio, Bio

35 [E2] **Naturalia,** 75 Rue de la République, Tel. +33 (0) 491899592, www.naturalia.fr, geöffnet: Mo.-Sa. 9-20 Uhr. Gut sortiertes Bio-Lebensmittelangebot, große Obst- und Gemüseabteilung und täglich frische Backwaren. Geniale Lage: Die Tram 2 stoppt direkt gegenüber …

› Für einen vollwertigen Snack lohnt sich ein Besuch im **Green Bear Coffee** (s. S. 28).

36 [G4] **Pharmacie-Herboristerie du Père Blaize,** 4 und 6 Rue Méolan, Tel. +33 (0) 491540401, http://pereblaize.fr, geöffnet: Di.-Sa. 9.30-12.30, 14.30 bis 18.30 Uhr, im August geschlossen. Der passionierte Pflanzensammler und „Heiler" Père Blaize eröffnete 1815 in Marseille einen Kräuterladen. Fast zwei Jahrhunderte blieb die „Pharmacie-Herboristerie" im Besitz der Familie und wird heute von der Urenkelin des Gründers geführt. In Schränken, Schubladen und Regalen lagern betörend duftende Kräuter, gemahlen oder als Strauß gebündelt und fein geordnet nach Herkunft und Wirkung: Für jedes Zipperlein das Passende. Auch die klassischen Medikamente der Schulmedizin fehlen hier nicht, doch der Laden bleibt ein Eldorado für alle, die auf die therapeutische Wirkung von Pflanzlichem vertrauen. Père Blaizes Erbe und das Angebot alternativer Behandlungsmethoden sind eine einzige Verbeugung vor der Heilkraft der Natur.

EXTRATIPP

Der Pastis

Wer das Marseiller Pflicht- und **Kultgesöff** abfällig als alkoholischen Shake oder anissüßen Franzschnaps bezeichnet, der begeht ein Sakrileg! „Pastis c'est Pastis" und ist **der** Aperitif von Marseille! Der gut 80 Jahre alte Zaubertrank wurde seinerzeit von einem Herrn Ricard zusammengeschmeckt, illegal versteht sich. Und heute, ob auf der heimischen Couch oder dem Hocker einer Hafenbar, ob am späten Vormittag oder erst gegen Abend, kein Ort und keine Tageszeit gelten als unpassend, den hochprozentigen Alkohol in den zylindrischen Gläsern genüsslich zu zelebrieren. Jeder dieser kleinen **Anisstöße** kitzelt den Schlund, explodiert im Kopf und bewirkt Erstaunliches: Man freut sich selbst auf eine fade Suppe, aus Feind wird Freund, der Seitensprung der Angebeteten tut nicht mehr weh und der tobende Mistral wird nur noch als säuselndes Lüftchen empfunden. Wenn man die daumenbreite Pastispfütze im Glas mit ein wenig oder auch mehr frischem Wasser auffüllt, entsteht eine milchig-helle, undurchsichtige Brühe, deren Genuss genau das auslöst, vor dem die wundersame Verwandlung des Pastis immer wieder sichtbar warnt: Aus Klarem wird Diffuses. Santé! Ein feiner Tipp für „Pastisianer" und solche, die es werden wollen, ist das Maison du Pastis, in dem man rund 90 (!) verschiedene Sorten bekommt.

37 [E4] **Maison du Pastis,** 108 Quai du Port, Tel. +33 (0) 491908677, www.lamaisondupastis.com, Sommer Mo.-Sa. 10-19, So. 10-17 Uhr, Winter Mo.-Fr. 11-18.30, Sa. 10-19, So. 11-16.30 Uhr

017ml Abb.: rb

Marseille für Genießer

Essen und Trinken

Die Provence gehört neben Paris und dem Elsass mittlerweile zu den **Zentren der französischen Kochkunst** und wird ob der Raffinesse in der Zubereitung und der Reinheit der verwendeten Zutaten hoch gelobt. Es braucht in dieser Region keine exotischen Geschmacksverstärker, kein Treibhausgemüse, keine Butterfette aus der EU und auch kein teures Importfleisch, denn die meisten wertvollen Ingredienzen sind üppig vorhanden: Kräuter und feines Gemüse gedeihen unter der mediterranen Sonne vorzüglich, der Weg der Olive vom Baum zur Presse ist kurz und im Meer direkt vor der Haustür wartet der frische Fisch förmlich auf den Sprung in die heiße Pfanne oder die brodelnde Suppe. Die Natur hat es mit dieser Gegend gut gemeint, alles, was auf provenzalischem Boden wächst, schmeckt schon wie „vorgewürzt" und man staunt über die Intensität der unterschiedlichen Gerüche und Aromen. Die einheimischen Köche können aus einem paradiesischen Füllhorn schöpfen und wenn das alles mit gutem Handwerk, dem Wissen um traditionelle Rezepturen und Kreativität

Und meine Suppe ess' ich doch

*Um die Herkunft der **Bouillabaisse,** der wohl bekanntesten **Fischsuppe** der Welt, ranken sich fantastische Geschichten. Hat Venus ihren Göttergatten mit dem köstlichen Gericht abgefüllt, um ungestört mit Mars zu turteln? Oder wurde das Süppchen von einer Äbtissin als koscheres Freitagsmahl erdacht? Hat womöglich ein Monsieur Baysse aus Bordeaux die Rezeptur der würzigen Delikatesse zu verantworten? So richtig weiß das wohl niemand. Im „Wörterbuch der Provence" aus dem 18. Jh. kann man jedenfalls lesen, dass der Name des ursprünglich einfachen, mediterranen Eintopfes aus Fischresten aus „bouillir" (kochen) und „abaisser" (von der Feuerstelle nehmen) entstanden sein soll.*

*Die Bouillabaisse ist heute zu einer **Marseiller Spezialität** avanciert. Den fangfrischen Fisch (u. a. Drachenkopf, Knurrhahn, St. Pierre, Wolfsbarsch und Lotte – vier Sorten müssen es mindestens sein!) serviert man vom herzhaften Sud getrennt. Die diversen Beilagen werden in einer traditionellen Zeremonie miteinander vermengt und in der immer gleichen Abfolge gelöffelt: Alles auf der Zunge zergehen lassen, mit einem trockenen Weißen krönen und „délicieux" murmeln – das ist die Dramaturgie der Bouillabaisse, so will sie es haben.*

Es gibt an der Küste viele Varianten der exquisiten Fischsuppe und jeder Koch behauptet von sich, sie nach dem „wahren" Rezept zuzubereiten. Allen Meistern gemein ist die Verwendung frischen, edlen Fisches – unabdingbare Voraussetzung für beste Qualität der Speise – und dafür muss man in den Gourmetrestaurants der Stadt ein stattliches Sümmchen hinblättern. Doch in Marseille zu weilen, ohne seine Spezialität probiert zu haben, das ist wie ein Besuch in München, ohne die Weißwurst zu kosten. Also, Kassensturz und dann „bon appétit"!

angereichert wird, dann ist sie geboren, die feine, ehrliche und so exzellente provenzalische Küche.

Kulinarischer Tagesablauf

Der Franzose ist ein Schleckermäulchen und mag es **morgens** schnell und süß. Drei Minicroissants, ein *pain au chocolat* oder ein in Konfitüre getunktes Stück Baguette, einen Milchkaffee dazu, das war es dann schon und das Tagwerk kann beginnen. Bis **mittags** hält er tapfer durch, aber pünktlich um 12 Uhr taucht er hungrig in „seiner“ Brasserie auf und ordert ein *plat du jour* (Tagesgericht). Dazu trinkt er ein oder zwei Gläschen Wein und beendet das Ritual mit einem leckeren Dessert. Und bei all dem will er um Gottes willen nicht gestört werden. Die Pause ist heilig, so steht es in der Gewerkschaftsbibel, und dafür wird notfalls gestreikt. (Auch Telefonanrufe zwischen 12 und 14 Uhr sollten tunlichst unterlassen werden!)

Damit er die quälend lange Zeit bis zum **dîner** um 20 Uhr überhaupt durchhält, leistet er sich am **Nachmittag** noch eine süße *tarte* („Kuchen“) im Café um die Ecke. Und dann ist der kulinarische Tageszenit erreicht, endlich. Hinein ins Stammrestaurant, die obligatorische Karaffe mit köstlichem Marseiller Leitungswasser wartet schon. Vorspeise, Hauptgang und Dessert, dazu ein Fläschchen vom Besten, es wird hemmungslos genossen und geschwatzt. Aber nur bis 22.30 Uhr, dann ist die letzte warme Speise ausgegeben und der Koch erscheint demonstrativ in der offenen Tür zur Küche, in der schon blechern laut mit leeren Töpfen und Pfannen hantiert wird. Verstanden! Zeitgleich mit der Rechnung wird noch ein Espresso heruntergekippt, das große Schlemmen hat sein Ende gefunden-und damit auch der Abend hier: Noch etwas herumzusitzen und alles gemütlich ausklingen zu lassen ist unüblich, ja unerwünscht. „Bonne nuit.“ Der Franzose ist satt und geht, denkt zufrieden zurück an den arbeitsreichen Tag und freut sich auf den neuen Tag. Morgen wird alles ganz anders.

Regionale Speisen

Es ist aufregend und wunderbar, sich durch die verschiedenen wohlschmeckenden Spezialitäten der Region zu futtern: **Aïoli** z. B. ist eine mayonnaisenartige Soße, zubereitet aus Olivenöl, Eiern, Knoblauch, Salz und Zitrone, gleichzeitig wird aber auch ein eigenständiges Gericht aus Stockfisch, Eiern, Gemüse und Wellhornschnecken so genannt, das zusammen mit der oben genannten Soße serviert wird.

Wer es würzig mag, bestellt **artichauts à la barigoule**, in Olivenöl angebratene und mit gehackten Pilzen und Schinken gefüllte Artischocken, und wenn man die **bourride** gegessen hat, ein provenzalisches Fischgericht mit unglaublich kräftiger Knoblauchmayonnaise, traut sich kein Vampir mehr durchs nächtliche Hotelfenster.

Eine besondere Herausforderung für die Geschmacksnerven sind die **pieds et paquets**, gefüllte Schafsfüße und Kutteln, die in einer Soße aus Weißwein und Gewürzen gegart werden. Eher klassich ist dagegen die **soupe au pistou**, eine Suppe aus verschiedenem Gemüse mit Nudeln. Besondere Raffinesse wird ihr durch die *pistou* verliehen, eine köstliche Paste aus Basilikum, Knoblauch, Tomaten, Käse und Olivenöl.

Restaurantkategorien

Preise für ein Menü mit Vorspeise, Hauptgericht und Nachspeise ohne Getränke.

€	bis 15 €
€€	15–30 €
€€€	30–50 €
€€€€	über 50 €

Marseiller Gastronomie

Die hier aufgeführten Lokale wurden nach folgenden Kriterien ausgewählt: Erreichbarkeit (kurze Wege, möglichst zentrale Lage), Originalität (Marseille „schmeckt" nicht nur provenzalisch, nein, in der Stadt ist die ganze Welt kulinarisch vertreten), Preise (gut und angemessen) sowie Ambiente, Gastlichkeit und Service.

Die Brasserien, Cafés und Restaurants bieten sehr unterschiedliche, gleichwohl überlappende Verköstigungsmöglichkeiten an. In Ersteren kann man frühstücken, mittags ein Tagesgericht oder das *formule* (Vorspeise und Hauptgericht oder Hauptgericht und Dessert, evtl. inklusive Getränk) ordern und am Nachmittag ein Küchlein verdrücken, am Abend bleibt die Küche kalt. In den Restaurants wird ausschließlich mittags und abends (oder nur abends) gespeist. Auch hier gibt es ein *plat du jour,* das *formule* oder Essen *à la carte.*

Damit man nicht hautnah erfahren muss, wie lax und locker der Marseiller mit Terminen umgeht, ist eine (telefonische) Überprüfung der Öffnungszeiten eine sehr kluge Maßnahme. (Dabei sollte man auch gleich einen Tisch reservieren!) Wäre doch schade, wenn man hungrig vor verschlossener Restauranttür steht!

Französisch

38 [D4] **Au Bout du Quai** €€€, 1 Avenue Saint-Jean, Tel. +33 (0) 491995336, www.restaurantauboutduquai.com, geöffnet: Mo.–So. 12–14.30 Uhr (im Juli/August samstagmittags geschlossen), Mo.–Sa. 19.30–22.30 Uhr (dienstagabends geschlossen). Wer es schafft, den lockenden Angeboten der vielen Touristenlokale am Wegesrand zu widerstehen, ist am Ende des Quai du Port im Restaurant der Familie Mouttet bestens aufgehoben: zum einen wegen der umfangreichen Speisekarte mit vielen traditionellen Gerichten und exzellenten Fischvariationen, zum anderen wegen der schönen Aussicht auf Hafen und Basilika. Mittagstisch um 20 €, Abendmenü rund 35 €.

39 [E4] **Club House Vieux Port** €€–€€€, 150–158 Quai du Port, Tel. +33 (0) 413201132, www.clubhousevieuxport.com, geöffnet: täglich 12–15 u. 19.30–23 Uhr, Mo. und Di. abends geschlossen. Üppiges Buffet, mittags und abends für 21 € (Kinder unter zehn Jahren zahlen nur 13 €), rund um die mediterrane Küche vom Meeresgetier bis zum feinen Dessert Schlemmen bis zum Abwinken. 130 Innenplätze stehen zur Verfügung, dazu eine große Außenterrasse mit freiem Blick auf die Basilika 13.

40 [F4] **La Cantine** €€–€€€, 27 Cours Honoré-d'Estienne-d'Orves, Tel. +33 (0) 491333708, www.la-cantine-de-marseille.com, geöffnet: tgl. 12–14.30, 19.45–23.15 Uhr (Nov.–Mai sonntagabends geschl.). Wer sich auf historischem Boden besonders wohl fühlt (wir befinden uns im alten Marseiller Galeerenarsenal), dankbar ist für ein dezentes Interieur, gute Qualität der Speisen (Küche des Südens) voraussetzt und eine ausgewogene Mischung von Einheimischen und Touristen mag, der ist hier bestens aufgehoben. Der Speiseraum bietet bequeme Bestuhlung unter

018ml Abb.: mb

riesigen Kronleuchtern und eine große Terrasse. Das Preis-Leistungs-Verhältnis stimmt, Tagesgericht ca. 20 €, abends Vorspeise plus Hauptgericht 23–32 €.

41 [E5] **La Passarelle – Chez Philippe et Patricia** €€-€€€, 52 Rue du Plan Fourmiguier, Tel. +33 (0) 491330327, April bis Okt. Mo.–So. 12–14.30 u. 20–22.30 Uhr (Nov.–März geschlossen). Tische mit bunten Sonnenschirmen stehen neben einem Kräutergarten. Und immer landen ein paar Blättchen von dem Grünzeug direkt auf dem Teller, als kleines würzendes Additiv. Der Speiseraum auf der anderen Straßenseite ist schlicht und doch mit Liebe zum Detail eingerichtet: Das (auch) alternative Klientel genießt saisonale mediterrane Küche. Entrees circa 10 €, Hauptgerichte 17–22 €, Desserts 7 €.

42 [K2] **La Table Cinq** €€-€€€, 8 Avenue des Chartreux, Tel. +33 (0) 491348522, www.latable5.com, geöffnet: Di.-Sa. 12–14, 20–22 Uhr. Die moderne französische Küche von Pierre Lamour & Jean-Claude de Lanfranchi ist von ausgesuchter Qualität und auf den Punkt zubereitet. Wohlfühlatmosphäre und ausgezeichneten Service gibt es dazu. Ein ausgesprochen nettes kleines Restaurant! Tagesgericht/Dessert/Kaffee 16,50 €, Abendmenü ca. 39 €.

43 [E4] **La Virgule** €€€-€€€€, 27 Rue de la Loge, Tel. +33 (0) 491909111, http://lavirgule.marseille.free.fr, geöffnet: Di.–Sa. 12–14 und 19.30–22 Uhr, So. 12–14.30 Uhr. Eine der besseren Adressen am Hafen, die mit dem marktschreierischen Auftritt der Restaurantphalanx am Kai nichts gemein hat. Etwas zurückgesetzt versteckt es sich fast und hat das wahrlich nicht nötig: Ob Risotto, Kabeljau oder Entenleber, hier wird leidenschaftlich gekocht, appetitlich serviert und genussvoll verputzt! Die Qualität der Bewirtung ist ihr Geld wert, Gutes kostet eben. Menü ab 30 €.

44 [H4] **Le Goût des Choses** €€-€€€, 4 Place Notre Dame du Mont, Tel. +33 (0) 491487062, www.legoutdeschoses.

Ein Rendezvous von köstlichem Essen und feiner Aussicht im Restaurant Une Table, au Sud (s. S. 24) fr, geöffnet: Mi.–So. 12–13.45, 19.30–22.30 Uhr. Eine feine Adresse! Das Restaurant ist schlicht gehalten. Gekalkte Decken, ein paar Originale an den Wänden, einfaches Mobilar aus dunklem Holz – das ist schon alles. Man wird durch nichts abgelenkt vom Genuss der köstlichen Speisen, die die Wirtsleute Rathery, die 40 Jahre lang viele Länder bereist haben, bieten. Natürlich Schmackhaftes aus Südfrankreich, aufgepeppt mit Ingredienzien aus aller Welt. Hier tanzen die Geschmacksteufel auf der Zunge Rock 'n' Roll. Plat du jour 13 €, Menü abends ab 27 €.

45 [G4] **Le Mas** €€-€€€, 4 Rue Lulli, Tel. 0491332590, geöffnet: Mo.–Sa. 11–16 u. 19–6 Uhr. Mittags ordert man Frisches nach Karte, ab 19 Uhr gibt es die ganze Nacht warme Kost. Schon mal um 4.30 Uhr „pâtes aux clovisses" (Nudeln mit Venusmuscheln) versucht? Gutes Essen, das zu jeder Stunde mit einem netten „bon appétit" serviert wird. Gerichte rund 25 €.

46 [E4] **Les Galinettes – Chez Madie** €€€, 138 Quai du Port, Tel. +33 (0) 491904087, geöffnet: Mo.–Sa. 12–14.30, 20–22.30 Uhr , So. 12–14.30, im Sommer So. 20–22.30 Uhr. Eigentlich müsste es „Chez Delphine" heißen, denn so lautet der Vorname der freundlich-kompetenten Wirtsfrau. Gäbe es einen passenderen Titel für ein Restaurant, dessen Spezialität ein Fischgericht, die „Galinettes", ist? Madame Roux und ihre Mannschaft köcheln nach guten alten Rezepten, nur zart aromatisiert, bissfest und von hoher Qualität. Dessertempfehlung: „La verrine au chocolat", umwerfend! Mittagsmenü um 17 €, abends zahlt man rund 35 €.

47 [F5] **Malthazar** €€-€€€, 19 Rue Fortia, Tel. +33 (0) 491334246, www.malthazar.fr, täglich 12–14 u. 20–22.30 Uhr. Michel Portos ist mit zwei Sternen und dem Titel „Koch des Jahres 2012" geadelt. Trotzdem – oder gerade deswegen – werden in seiner wunderschönen Brasserie die Speisen in mediterraner Leichtigkeit mit einem Hauch Asien gekrönt zelebriert. Das Team um den leidenschaftlichen und so erfolgreichen Koch kommt wohltuend freundlich und unaufgeregt daher und die Preise sind trotz des hohen Renommees des Maître überraschend moderat. Tourist ante portas! Mittags *formule* für 19–22 €, Abendmenü 32 € (ohne Getränke).

48 [E4] **Le Poulpe** €€-€€€, 84 Quai du Port, Tel. +33 (0) 495091591, www.lepoulpe-marseille.com, geöffnet: täglich 10–23 Uhr. Die ausschließliche Verwendung erntefrischer Produkte (lokale, aber auch korsische) direkt vom Markt ist oberste Maxime – und genauso köstlich mundet es hier auch. Das Ganze passiert direkt am Alten Hafen im stilsicher aufgehübschten Raum: ein wirklich gutes Restaurant mit aufmerksam-professionellem Personal.

49 [G4] **Toinou** €€€, 3 Cours Saint-Louis, Tel. +33 (0) 491331494, www.toinou.com, geöffnet: Mo.–So. 11.30–22 Uhr. Eine Hymne an das Eiweiß: hier wird gemuschelt, gekrebst und alles frisch geknackt. Es riecht nach Meer und Zitrone und Köstliches wird auf geeisten Platten hin- und hergeschleppt. Obwohl sich die dienstbaren Geister zwischen den eng gestellten Tischen oft nur seit- und rückwärts bewegen können, wird dennoch flink serviert. Die Preise sind trotz des wertvollen Krustengetiers moderat. 12 Austern 16,40–32 €, Fischplatten 17,50–83,50 €.

50 [F4] **Une Table, au Sud** €€€-€€€€, 2 Quai du Port, Tel. +33 (0) 491906353, www.unetableausud.com, geöffnet: Di.–Sa. 12–14 und 19.30–22 Uhr. Aus der flirrenden Hitze und dem hektischen Treiben rund um den Marseiller Vieux-Port 1 taucht man in eine wohltuende Stille ein und steigt hinauf zu den eleganten Räum-

EXTRATIPP

Poisson de luxe

Auf dem Quittungsbogen steht unter dem historischen Wappen von Marseille „vom Vater zum Sohn, seit 1946 zu Ihren Diensten" und erinnert ein wenig an das Englische „in appointment to her majesty". Das Familienrestaurant Michel, heute von Paul Visciano geführt, ist *die* **Institution in der Bouillabaisse-Szene** und Beispiel für eine fein gewürzte Mischung aus guter Tradition, Produktqualität und hohem Servicestandard. Monsieur Marc Bedl, seit mehr als 40 Jahren „Familienmitglied", komplimentiert die illustren Gäste am Kühlthekenschiffchen vorbei in das klassisch-gediegen eingerichtete Restaurant. Er ist sich nicht zu schade, das richtige „Bouillabaissieren" zu erklären: Croûtons mit der Rouille (scharfe Soße) in die Brühe tunken, edlen Fisch zärtlich mit Aïoli bestreichen und zusammen mit einem Stückchen safrangelber Kartoffel und feinem Fischsud im Munde zusammenführen. Köstlich.

Stewards in blütenweißen Uniformjacken schenken ein, füllen und fragen nach, unaufdringlich und immer im richtigen Moment. Kein Wunder, dass sich hier Berühmtheiten wie Gina Lollobrigida, Alain Delon, Zinédine Zidane und Giovanni Agnelli wohlgefühlt und verewigt haben. Doch auch für normale Genüssler und Liebhaber mediterraner Fischleckereien ist Michel das absolute Muss! Exquisit und teuer. Unbedingt reservieren.

53 [C5] **Michel** €€€€, 6 Rue des Catalans, Tel. +33 (0) 491523063, www.restaurant-michel.com, geöffnet: tägl. 12–13.45 und 20–21.45 Uhr. Vorspeisen um 20 €, Bouillabaisse 72 €.

lichkeiten in der ersten Etage. Und es ist wahrlich ein Aufstieg, nämlich der auf den Olymp von Marseilles Küchengöttern, hinein in die Upperclass mediterraner Kochkoryphäen. Ludovic Turac versteht es meisterhaft, aus deftiger provenzalischer Kost raffinierte Speisen zu entwickeln. Er verwendet nur die feinsten Zutaten und jongliert mit Aromen und Gewürzen: ein würdiger Vertreter der „intuitiven" Küche. Dieses feine Etablissement zählt also nicht nur wegen des atemberaubenden Panoramablicks auf den Hafen zur absoluten gastronomischen Spitze. Menüs kosten zwischen 29–78 €.

Italienisch

51 [G5] **Al Dente** €€-€€€, 10 Rue Edmond Rostand, Tel. +33 (0) 491816745, www.aldente-marseille.fr, geöffnet: Mo.–Sa. 12–14 Uhr und Mo.–So. 19.30–22.30 Uhr, Juli/August samstagmittags und So. geschlossen. Hier im Hartweizenland direkt hinter der Präfektur regiert König Fusilli mit den edlen Herren Tagliatelle und Lasagne im Gefolge, man verbeugt sich tief vor der „Hausgemachten". Ein fröhlicher Tanz um die goldene Nudel, die, wie der Name des Restaurants schon sagt, bissfest gegart ist und sich genüsslich in einer der köstlichen Soßen räkelt. Mittagsmenü 14–16 €, Abendkarte ab 20 €.

52 [E3] **Chez Etienne** €€-€€€, 43 Rue Lorette, geöffnet: Mo.–Sa. 12–14.30 und 19.30–23 Uhr, außer an Feiertagen. Wer Calamarisalat und Pizzen liebt und gleichzeitig auf Überraschungen steht, der ist hier genau richtig: Eine Speisekarte gibt es nur für Touristen (Vorsicht, Punktabzug!), bei der Menüwahl hat man sich demütig für das eindeutige und damit einzige Angebot des Maître Cassaro zu entscheiden und die Höhe der Rechnung ist von Variablen abhängig, die nur der Wirt kennt (um 25 € pro Person/keine Kreditkarten). Keine Reservierung, also rechtzeitig (!) erscheinen.

54 [F4] **Il Canaletto** €€, 8 Cours Jean Ballard, Tel. +33 (0) 491339012, geöffnet: Di.–So. 12–14.30 und 19.30–23 Uhr, Mitte Juli–Mitte Aug. geschlossen. Wie eine italienische Auster: von außen unscheinbar, geradezu spröde, aber innen gefüllt mit unvermutetem Gaumenschmaus. Das Restaurant mit dem großen Wandbild des Malers Canaletto befindet sich fest in einheimischer Hand, der Tourist ist die absolute Ausnahme. Man schaut neugierig über die kulinarische Grenze zum „Stiefel" und delektiert sich an regionalen Köstlichkeiten aus ganz Italien. Empfehlung ist die „caprese sopra pizza" und das „beste Tiramisu der Welt". Hauptgerichte ab 9,50 €.

55 [H4] **La Cantinetta** €€-€€€, 24 Cours Julien, Tel. +33 (0) 491481048, www.restaurantlacantinetta.fr, geöffnet: Mo.–Sa. 12–13.45, 19.45–22.30 Uhr, 2 Wochen im September geschlossen. Viva l'Italia mitten im Quartier um den Cours Ju! Ob im mediterranen Innenhof unter einer Platane oder im Haus, ob Burrata pugliese oder Linguine alle vongole, hier mundet alles köstlich. Tagesgericht 11 €, abends rund 35 €.

56 [E3] **Trattoria Marco** €€-€€€, 2 Rue de la Guirlande, Tel. +33 (0) 491906008, Di.–Sa. 12–14.30 und 20–23 Uhr. Ein wenig abseits vom trubeligen Hafen kocht Marco mit Leib und Seele und in passendem Outfit – immer irgendwie grünweißrot – nach den Rezepten von „mamma": „insalata di polpo", „pasta alla Marco", „tonna della trattoria" – wunderbar. Man sollte nach einer üppigen Pastamahlzeit das Verdauungslikörchen „Limonicello" probieren.

Spanisch

57 [H4] **Dos Hermanas** €€, 18 Rue Bussy l'Indien, Tel. +33 (0) 496120023, geöffnet: Di.–Sa. 18–2 Uhr. Bis zur spanischen Grenze ist es zu weit, drum hin zur kleinen Dependance gleich um die Ecke. Die „Zwei Schwestern" gibt es wirklich, sie heißen Annie und Nicole und servieren bei andalusischen Klängen originelle Tapas. Hier isst Klein und Groß, draußen im romantischen Innenhof oder drinnen in der bunten Stube. Tapas zwischen 3 und 10 €. Besonders leckeres Dessert: „Crème catalane".

Aus aller Welt

58 [H4] **Ivoire Restaurant – Chez Mama Afrika** €-€€, 57 Rue d'Aubagne, Tel. +33 (0) 491337533, geöffnet: täglich 11.30–24 Uhr. Eine wahrlich freundliche Frau, diese Félicité Gayé (Mama Afrika) von der Elfenbeinküste. Und wer es hören mag, kann von ihr bei einem Glas aphrodisierendem Ingwersaft etwas über das Liebesleben afrikanischer Männer erfahren. Der Kral, in dem Mama Afrika empfängt, palavert und landestypische Köstlichkeiten wie „poisson à la braise", „alloko" oder „mafi" serviert, hat den Charme einer mit bunten Banderolen geschmückten Garage. Afrikanische Musik plärrt aus dem Fernsehen und mischt sich mit dem Dialekt des Quartiers. Afrika mediterran eben. Gerichte ab 10 €, etwas Geduld mitbringen, frische Speisen brauchen Zeit!

59 [I7] **KYO Sushi** €€, 15 Avenue du Prado, Tel. +33 (0) 972218304, +33 (0) 484251511, www.kyosushi.com, geöffnet: Mo.–Sa. 11.30–14.30, 18–22 Uhr, Fr. und Sa. bis 23 Uhr. Selbstbedienungsrestaurant! Ob Sushi, Sashimi oder Maki, alles wird superfrisch „gefertigt" (man sucht vergeblich nach einem Haar in der Misosuppe). Das KYO Sushi ist ein guter und preiswerter „Japaner", die Einrichtung ist zweckmäßig und ganz ohne den üblichen Asiakitsch. Gemischte Sushiplatte 11–18 €, WLAN-Hotspot.

60 [I9] **La Villa** €€-€€€, 113 Rue Jean Mermoz, Tel. +33 (0) 491712111, www.restaurant-la-villa.fr, geöffnet: tgl. 12–14, 20–23 Uhr. Das Stimmengemurmel der wohltuend normalen

Stammklientel fängt sich im dichten Blätterdach der Bäume. Businessmenschen, Privatiers, Familien mit Kindern und alle anderen Gäste bekommen hier eine exzellente Speisenfolge serviert. Wer hier isst, hat eine Auszeit von der Hektik „da draußen“ genommen und lässt sich diesen Moment des genussvollen Friedens etwas kosten: den Fisch „feu de bois“ 19–30 €, die Pizza 14–22 € und den großen Sushiteller 31 €. Und zum süßen Schluss angelt man sich aus dem Bonbonglas ein Weghupferl, geht aufs Haus!

61 [H4] **O'Pakistan** €€, 11 Rue des Trois Rois, Tel. +33 (0) 491488710, www.opakistan.fr, geöffnet: täglich 12–14 u. 19–24 Uhr. Wer es beim Passieren der Eingangstür noch nicht gerochen hat, dem sei es jetzt verkündet: Hier wird pakistanisch-indisch gekocht! Die nach Safran und Ingwer duftenden Spezialitäten serviert Saleem, die gute Seele des Hauses, mit einem (gast)freundlichen Lächeln. Unbedingt das „poulet tandoori“ probieren, echt lecker! Tagesgericht um 11 €, Abendmenü ab 16,50 €.

62 [G3] **Sur le Pouce** €, 2 Rue des Convalescents, Tel. +33 (0) 491561328, geöffnet: täglich 12–16 u. 18–22.30 Uhr. Monsieur Amri kommt aus Tunesien und bietet eine für sein Land typische Couscous-Spezialität mit einer Brühe aus fünf verschiedenen Gemüsen an. Für sensationelle 6 € bekommt man sein Gericht inklusive Brot und Nachschlag. Alkohol wird nicht verkauft, aber man darf (kluger Wirt!) sein eigenes Fläschchen mitbringen. In dem verspiegelten und quietschgelb getünchten Lokal ist der süße Tee zum Abschluss Ritual. Ein wahrlich „füllender“ und preiswerter Abend.

Brasserien/Cafés

63 [G5] **Café de la Banque,** 24 Boulevard Paul Peytral, Tel. +33 (0) 491333507, www.lecafedelabanque.com, geöffnet: Mo.–Sa. 7–21.30 Uhr, feiertags geschlossen, WLAN. Parise-

EXTRATIPP

Lecker vegetarisch

Die folgenden Lokalitäten bieten ständig ein Gericht für Vegetarier an, aber auch in vielen anderen Restaurants kann man fleisch- und fischlos speisen.

› **Green Bear Coffee** (s. S. 28)
› **Longchamps Palace** (s. S. 29)
› **O'Pakistan** (s. o.)
› **Sur le Pouce** (s. o.)

Dinner for one

Hier isst man auch allein und in zwangloser Atmosphäre ganz nett.

› **Dos Hermanas** (s. S. 26)
› **Il Canaletto** (s. S. 26)
› **La Passarelle** (s. S. 23)
› **Le Goût des Choses** (s. S. 23)
› **Toinou** (s. S. 24)
› **Trattoria Marco** (s. S. 26)

Für den späten Hunger

Und den frühen! Im Le Mas ist die Küche bis morgens um sechs durchgehend geöffnet. „Nur“ bis 2 Uhr vesorgt das Mido seine Gäste am am Cours Julien 30

› **Le Mas** (s. S. 24)
› **Mido** (s. S. 32)

Lokale ganz nah am Wasser

Das Auge isst mit: Gaumenschmaus plus bester Blick! Diese Restaurants liegen direkt am Hafen oder am Meer.

› **Au Bout du Quai** (s. S. 22)
› **Les Galinettes – Chez Madie** (s. S. 24)
› **Michel** (s. S. 25)
› **Une Table, au Sud** (s. S. 24)
› **Peron** (s. S. 99)

020ml Abb.: mb

risch wirkende Brasserie aus dem 19. Jahrhundert, nur 50 m vom Place Estrangin-Pastré 34 und seinen Banken entfernt. Hervorragende „plats du jour" für nur 11,50 €, beste hausgemachte Desserts und leckere Cocktails. Maxime: Der Kunde ist König!

64 [G4] **Green Bear Coffee (1),** 17 Rue Glandevès, Tel. +33 (0) 980996185, www.greenbearcoffee.com, geöffnet: Mo.–Fr. 11–15.30 Uhr, WLAN. Hier brummt der Bär! Trotz käuflicher Liebe und schummrigen Bars in seiner unmittelbaren Nachbarschaft grinst er bester Laune vom Restaurantschild in der Rue Glandevès herunter. Wer das Green Bear Coffee besucht, wird mit einer guten Mahlzeit versorgt. Die Bioware ist geschmackvoll angerichtet und wird umweltbewusst auf Pappe serviert. Das junge Team um den Green Bear beschreibt und erklärt geduldig. Alles Bio, oder was?

65 [H3] **Green Bear Coffee (2),** 123 La Canebière, WLAN. Filiale.

66 [G5] **Green Bear Coffee (3),** 22 Boulevard Paul Peytral. Filiale.

67 [F4] **La Samaritaine,** 2 Quai du Port, Tel. +33 (0) 491903141, geöffnet: täglich 7–21 Uhr, WLAN. Ein kultiger, ideal positionierter Ort, an dem der legendäre Schriftsteller Jean-Claude Izzo im „strahlenden Licht von Marseille" konsumiert und meditiert hat. Wer ein Frühstück, das „plat du jour", etwas Süßes am Nachmittag oder den vorabendlichen Aperitif ordert, ist bestens bedient. Tagesgericht um 11 €.

68 [H3] **Le Comptoir Dugommier,** 14 Boulevard Dugommier, Tel. +33 (0) 491622121, www.comptoirdugommier.fr, geöffnet: Mo.–Sa. 7.30–16.30 Uhr und donnerstagabends, WLAN. Hier erwarten den Gast Art-déco-Einrichtung und frisches Essen. Dazu ein tolles Team

La Samaritaine, Marseiller Kultgastronomie direkt am Vieux-Port

mit freundlichem und persönlichem Service. Das Lokal ist angesagt, also unbedingt reservieren! Tagesgericht 10–15 €.

69 [H5] **Le Cortés,** 1 Place de Rome, geöffnet: Mo.–Sa. 6–20.30 Uhr. Brasserie mit großer Außenterrasse mitten im Zentrum nahe der Präfektur. „Plat du jour" 9–12 €, nachmittags Crêpes, Kuchen und Eis. Orginalsatz eines freundlichen Kellners: „Bienvenue à tout le monde!" (Jeder ist herzlich willkommen!). Und so ist es auch.

70 [F3] **Le Grand Comptoir de Paris,** 34 Quai du Port, Tel. +33 (0) 491900688, geöffnet: Mitte Juni–Ende Sept. 6–2 Uhr, im Winter 6–20 Uhr. Ein Lokal mit Blick auf den Hafen und eine fleißige Familie, die den Laden schmeißt: Kein Wunder, wenn man da mit Freude bei der Arbeit ist! Im Sommer gibt es Salate, im Winter etwas Warmes und alles wird sichtbar im Lokal zubereitet. Speisen ab 12 €.

71 [F4] **Le Trianon,** 32 Rue Sainte, Tel. +33 (0) 491338614, geöffnet: Mo.–Sa. 8–24 Uhr. Das Chamäleon unter Marseilles Lokalen: Morgens ist es ein Café, mittags dann Bistro und abends bis in die tiefe Nacht hinein eine Bar. Das Innere verteilt sich auf zwei Etagen. Draußen an einem der wenigen Tischchen direkt an der Kreuzung ist es laut und hektisch – man ist schließlich mitten in Marseille. Plat du jour 10–12 €.

72 [H3] **Les Danaïdes,** 4–6 Square Stalingrad, Tel. +33 (0) 491622851, www.lesdanaides.fr, geöffnet: Mo.–Sa. 7–22 Uhr, feiertags geschlossen, WLAN. Lokalität mit riesiger Außenterrasse, in der gerne und regelmäßig Schach gespielt wird. Es verkehrt eine Klientel aus allen Schichten und jeden Alters, vom schwulen Single über die schwangere Mutter bis hin zum weißhaarigen Intellektuellen und stylischen Designer. Tagesgericht 9,50 €.

73 [I2] **Longchamp Palace,** 22 Boulevard Longchamp, Tel. +33 (0) 491507613, geöffnet: Mo.–So. 8–24 Uhr, WLAN. Café, Brunch, Restaurant und Ausstellungen in der Nähe des Palais Longchamp 21 mit Art déco Einrichtung und wunderbar frischem Essen. In einer der ältesten Gastronomien von Marseille – aus den 1930er-Jahren – gibt es neben Mittags- und Abendtisch am Sonntag Brunch (11–15 Uhr, 18 €) und sonntagabends ab 18.30 Uhr einen Austern-Apéritif. Zudem regelmäßig wechselnde Ausstellungen. Mittagsgericht rund 13,50 €.

Kaffee, Tee, Eis und Süßes

74 [G4] **Café Debout,** 46 Rue Francis Davso, Tel. +33 (0) 491330012, geöffnet: Mo. 9.30–18 Uhr, Di.–Sa. 8.30–19 Uhr. Neben duftendem Kaffee, kleinen Schokoleckereien wie den „barre marseillaise", Kuchen und Eis kann man über 100 Teesorten durchprobieren. Drinnen wird an Stehtischchen verkostet, draußen sitzt man auf dem schmalen „trottoire" mit dem Rücken zur Hauswand. Und, Überraschung, es gibt Ökosprudel aus deutschen Landen!

75 [E3] **Le Glacier du Roi,** 4 Place de Lenche, Tel. +33 (0) 491910116, geöffnet Mo.–So. und feiertags 8.30–19

EXTRATIPP

Schwarzes Vanilleeis

76 [E3] **Vanille Noire,** 13 Rue Caisserie, Tel. +33 (0) 777336819, www.vanillenoire.com, geöffnet: täglich 12.30–19 Uhr, Nov.–Feb. geschlossen. Nicolas Decitre hat es raus: Natürliche Konservierungsstoffe, keine künstlichen Farbstoffe und nur ganz wenig Zucker, und dennoch – oder genau deshalb – ist sein Eis wahnsinnig geschmacksintensiv und lecker. Nix wie hin!

Uhr, dienstags geschl., von Juli bis Sept. Do.-Sa. bis 1 Uhr geöffnet, Mitte Januar bis Anfang März geschlossen. Weiße Wände, ein sauber gefliester Boden und unter der hohen Decke ein gewaltiger Kronleuchter, der wie aus einzelnen Eiskristallen zusammengesetzt erscheint. Köstlich komponierte Eissorten, Cassatas und Sorbets. Die Eisprinzessinnen lassen gerne probieren und die Portionen sind üppig. Lecker!

77 [G3] **Pâtisserie d'Aix,** Ecke 2 Rue d'Aix/1 Rue Nationale, Tel. +33 (0) 491901250, geöffnet: Di.-So. 6-20 Uhr. Orientalisches Gaumengekitzel: „casse-croûte" und „mikate", Herzhaftes aus Tunesien für 2 bis 3,50 € und ganz viel Süßes wie Pralinen aus Datteln und Honig oder algerischer Grießkuchen mit Mandeln.

78 [F5] **Sylvain Depuichaffray,** 66 Rue Grignan, Tel. +33 (0) 491330975, www.sylvaindepuichaffray.fr, geöffnet: Mo. 7.30-16, Di.-Fr. 7.30-19, Sa. 8-19 Uhr. *Die* Adresse, um bei leckerem Snack und bunten Küchlein einen kleinen Nachmittagsplausch zu halten. Ein Schlaraffenland mit erlesenen Backwaren und feiner Konditorarbeit, alles dekorativ und mundgerecht hinter einem langen Glastresen aufgebaut. Besondere Empfehlung: „tartelette au citron"!

Marseille am Abend

Marseille hat alles, nur keine blühende Discoszene. Wer nächtelang nach englischem Pop, französischem Techno und neuer deutscher Welle abzappeln will, wird nur „kleinstädtisch" bedient. Für alle anderen abendlichen Vergnügungen präsentiert sich die Metropole jedoch als bestens gerüstet. In den zahlreichen **Theatern** und **Kinos** ist das kulturelle Angebot exzellent. Und beim Nachtbummel durchs Zentrum kommt in angesagten **Bars** und urigen **Kneipen** sicherlich keine Langeweile auf!

Am **Quai de Rive Neuve** reiht sich Bar an Bar. Den Vieux-Port 1 vis-à-vis, kann man sich hier zur späten Stunde gut noch ein wenig herumtreiben. Gleich daneben am **Cours Honoré-d'Estienne-d'Orves** 19 gibt es weitere Lokale, die bis 2 Uhr in der Frühe geöffnet haben. Etwas alternativer und szeniger geht es im Viertel rund um den Cours Julien 30 ab. Aktuelle **Ausgehtipps** gibt es im Internet unter www.marseille.sortir.eu. Informationen zum **kulturellen Abendprogramm** findet man auf der Website www.espaceculture.net beziehungsweise im Tourismusbüro (s. S. 111).

Smoker's Guide

Seit dem 1. Januar 2008 gilt in Frankreich **Rauchverbot** in öffentlichen Gebäuden sowie Restaurants, Cafés, Bars, Hotels etc. Erstaunlicherweise halten sich auch die Marseiller an die Vorschrift. Wie gut, dass sich das Leben dank des mediterranen Klimas problemlos auf der Straße abspielen kann!

Eine prima Adresse für kommunikatives Abhängen: die Bar La Caravelle (s. S. 32)

Gastro- und Nightlife-Areale

Bläulich hervorgehobene Bereiche in den Karten kennzeichnen Gebiete mit einem dichten Angebot an Restaurants, Bars, Klubs, Discos etc.

022ml Abb.: mb

Nachtleben

Bars

79 [I4] **Au Petit Nice,** 28 Place Jean Jaurès, geöffnet: Di.–Fr. 9–2 Uhr, Sa. 13–2 Uhr (im Juli geschlossen). In-Kneipe und studentischer Treffpunkt mit großer Terrasse und deutschem Weizenbier. Mittags Sandwiches für einen kleinen Preis.

80 [F4] **Bar de la Marine,** 15 Quai de Rive Neuve, Tel. +33 (0) 491549542, geöffnet: tägl. 7–2 Uhr. Aperitifkneipe mit monströser Thekenschlange aus Blech und getürktem Marmor, vergilbten Fotos an den Wänden und einer kleinen Empore zum Abheben und Überblicken. Draußen auf der Terrasse, Aug in Aug mit dem Vieux-Port **1**, ist „Baggern" auf provenzalisch angesagt.

81 [F4] **Bar Unic,** 11 Cours Jean Ballard, Tel. +33 (0) 491334584, geöffnet: täglich 8–2 Uhr. Die kunterbunte Klientel rekrutiert sich aus allen Schichten, freudig vereint durch die Aussicht auf leckere Margaritas und Mojitos in der Bar zwischen Hafen und Oper.

82 [F4] **Exit Café,** 12 Quai de Rive Neuve, Tel. +33 (0) 491542943, geöffnet: tägl. 11–2 Uhr. Cooler Laden mit Mucke vom DJ. Jeden Tag zwischen 17 und 22 Uhr und donnerstagabends sowie die ganze Nacht gibt es zwei Cocktails zum Preis von einem. Na, wer da nicht Durst bekommt!

83 [I4] **Le Champ de Mars,** 12 Rue André Poggioli, Tel. +33 (0) 413633684, geöffnet: Mo.–Sa. 9–1.30 Uhr, So. 18–1.30 Uhr. Ein guter Platz fürs tägliche „Chill-out".

84 [F4] **Le Polikarpov,** 24 Cours Honoré-d'Estienne-d'Orves, Tel. +33 (0) 491527030, www.lepolikarpov.com, geöffnet: tägl. 9–2 Uhr. Ein wenig „bourgeoise", ein bisschen Boheme – „bobo" eben. Der „Platzhirsch" am schönen Cours Honoré-d'Estienne-d'Orves **19**.

Weinbistros

85 [G4] **La part des Anges,** 33 Rue Sainte, Tel. +33 (0) 491335570, www.lapartdesanges.com, geöffnet: Mo.–Sa. 9–2 Uhr. Erinnert (konzeptionell) an einen rheinischen Weinkeller. Viel Wein, aber ohne Weib und Gesang. Dazu Wurst, Käse und Brot, ganz wie zu Hause.

Livemusik und Diskotheken

86 [F3] **La Caravelle,** 34 Quai du Port, Tel. +33 (0) 491903664, www.lacaravelle-marseille.com, täglich 7-2 Uhr. Livemusik Mi. u. Fr. abends, Eintritt 3 €. Bar mit toller Aussicht auf Hafen und Basilika, so sind die wenigen Plätze auf dem Balkon heiß begehrt. Ist aber auch sonst eine feine Adresse fürs Tête-à-Tête bei einem Gläschen Wein. (Die Häppchen von 18.30 bis 21 Uhr gehen aufs Haus!)

87 [G4] **Le Bunny'z,** 2 Rue de Corneille, Tel. +33 (0) 491540920, Di.-Sa. 23.30-5 Uhr. Eintritt frei. Winzige Diskothek (40 m²) mit 1980er-Jahre Mucke für mittelalterliche Gäste, seriöse Kleidung erwünscht, Eingangskontrolle (nach Waffen, Drogen etc.) fast wie auf dem Airport.

88 [G4] **Le Fame,** 12 Rue Haxo, Tel. +33 (0) 610687999, geöffnet: täglich 23-5 Uhr. Eintritt frei. Hier steppt der Chef! Francky gibt Jazziges, Chansons und Weltmusik zum Besten und reicht das Mikro weiter: Jeder darf im Rampenlicht stehen und singen - und tanzen natürlich.

89 [J4] **Le Poste à Galène,** 103 Rue Ferrari, Tel. +33 (0) 491475799, www.leposteagalene.com, geöffnet zu DJ-Abenden und Konzerten (Eintritt je nach Künstler). Das Logo zeigt ein altes Radio und das macht Sinn: Hier wird noch wirklich Musik gemacht. Auf dieser für die Stadt unverzichtbaren Bühne, die ca. 300 Zuschauern Platz bietet, finden jährlich sage und schreibe 80 Konzerte angesagter amerikanischer und englischer Gruppen statt. Legenden wie John Cale treten an, da ist HipHop aus der Region und, wie schön, auch das französische Chanson wird nicht vergessen. Daneben gibt es lockere DJ-Abende zum Wegchillen und Abtanzen. Der gute alte Rock dominiert, aber auch die meisten anderen Musikstile haben ihren Auftritt. Und die Mauern vibrieren im Takt bester Mucke.

90 [E4] **Le Trolleybus,** 24 Quai de Rive Neuve, Tel. +33 (0) 491543045 und +33 (0) 672369110, www.letrolley.com, geöffnet: Do.-Sa. 24-6 Uhr. Drei Disco-"Schläuche": Aktuelle Hits, rockiger Soulfunk und Techno die ganze Nacht, hier brummt der Bass, hier schwitzt die junge Generation und alle über 30 werden als Fossil bestaunt.

EXTRATIPP

Ägyptischer Snack

Hätte die schöne Nofretete Hunger und wenig Zeit gehabt, vorm Mido hätte sie sicher ihre Sänfte angehalten! Sandwiches, Falafel und Pizzen, alles unter 10 €. Schnell und schmackhaft, beliebt und gut besucht. Direkt am Cours Julien 30.

91 [H4] **Mido,** 70 Cours Julien, Tel. +33 (0) 491424589, geöffnet: täglich 8-2 Uhr

078ml Abb.: mb

Abendlicher Ballettgenuss am Hafen

Die Bronze-Reliefs vor der Oper 26 stammen von Antoine Sartorio

009ml Abb.: mb

Theater, Oper und Ballett

92 [H11] **Ballet National de Marseille,** 20 Boulevard de Gabès, Tel. +33 (0) 491327272, www.ballet-de-marseille.com. Großartige Ballettarbeit, landesweit gelobt. Kreativer Reigen zwischen Klassik und Moderne.

93 [F4] **Le Quai du Rire! Café-Théâtre & Comédie Club,** 16 Quai de Rive Neuve, Tel. +33 (0) 491549500, www.lequaidurire.com. Wollen und verstehen Sie Spaß? Ein paar französische Sprachkenntnisse wären dafür beste Voraussetzung. Komödien und mediterraner Ulk in kleinem Kreis.

26 [G4] **L'Opéra.** Der „ganz große Auftritt" in Marseille. Das Programm ist anspruchsvoll, die Inszenierungen aufwendig. Hier vergnügt sich die „classe supérieure" der Stadt (im August Sommerpause).

18 [E4] **La Criée, théâtre national de Marseille.** Klassik, Musik, Tanz und, Überraschung: Filmvorführungen! Renommierte Bühne mit Historie.

94 [H3] **Théâtre des Bernardines,** 17 Boulevard Garibaldi, Tel. +33 (0) 491243040, www.theatre-bernardines.org. Innovatives Bühnenspiel vor handverlesenem Publikum (100 Plätze) in einer wunderschönen Kapelle aus dem 18. Jahrhundert.

95 [H3] **Théâtre du Gymnase,** 4 Rue du Théâtre Français, Tel. +33 (0) 491243524, www.lestheatres.net. Leichtes Boulevardtheater im Wechsel mit „schwerer Kost". Platz satt für 700 Personen.

Kinos

In diesen beiden Kinos werden alle fremdsprachigen (also nicht französischen) Filme in der Originalversion gezeigt. Informationen zum Programm erhält man unter der Telefonnummer +33 (0) 892680597.

K 96 [H6] **Le César,** 4 Place Castellane, Tel. +33 (0) 491817217

K 97 [G3] **Les Variétés,** 37 Rue Vincent Scotto, Tel. +33 (0) 496116161

Marseille für Kunst- und Museumsfreunde

Museen und städtische Räume für Kunst und Kultur gibt es in Marseille recht viele. Zudem sind die musealen Kunsthorte seit den Kulturhauptstadt-Feierlichkeiten im Jahre 2013 in bestem Zustand und von exzellenter Qualität. Dazu kommt, dass die großartige Stadt als solche bereits ein einziges musée ist: Es gibt kaum eine Straße, kaum ein Quartier, in dem sich nicht pralle Kulturgeschichte ausgraben lässt. Ganz Marseille ist nicht zuletzt stolz auf das Vorzeigemuseum MuCEM, das neben dem Fort Saint-Jean 9 direkt am neuen Hafen entstanden ist. Seine Kunst erlaubt es, einen Blick auf die bunte Mischung der Zivilisationen zu werfen, die den Mittelmeerraum im Laufe der Jahrhunderte beeinflusst haben.

Imposant ist außerdem die **Villa Méditerranée** [D3], ebenfalls auf dem Terrain der Esplanade. Dieser statisch verblüffende und grandios in Szene gesetzte Neubau von Stefano Boeris ist auch optisch in seiner Aufgabenstellung verständlich: Hier soll eine Brücke für Kultur und Wissen rund ums Meer geschlagen werden. Sie dient als Forum für mediterrane Künstler, Ausstellungen, Events und Konzerte.

Moderner Museumsbau direkt am Mittelmeer – das MuCEM

Museen

98 [E3] **Le Préau des Accoules,** 29 Montée des Accoules, Tel. +33 (0) 491915206, www.marseille.fr. Mo.–Fr. (nur!) nach Voranmeldung, Eintritt frei. Kunstgarten, Spielraum und ein absolut nachahmenswertes Konzept. Im wunderschönen Gebäude aus dem 18. Jh. führt man Kinder und Jugendliche auf leichte und unkonventionelle Art an das kulturelle Erbe heran. Hier wird – zum Beispiel – ein „Ölschinken" für die junge Klientel genießbar „weichgeklopft", große Kunst zerschnippelt und neu zusammengesetzt, Berühmtes verdreht, clownesk verfremdet oder pantomimisch nachgestellt. Geklebt, gemalt, verkichert: Wechselnde Kunstthemen werden pädagogisch unterfüttert vorgestellt und kindgerecht verwurstet. Die Kinder haben Spaß und verstehen. Wunderbar. Und schon wächst da eine Schar von neugierigen Kulturfreaks heran, unverzichtbar für das Überleben von großer Kunst in dieser Stadt, in jeder Stadt. Mitspielen!

99 [G3] **Mémorial de la Marseillaise,** 23–25 Rue Thubaneau, Tel. +33 (0) 491553600, http://memorial-de-la-marseillaise.marseille.fr. Vom Kassenbereich des Musée d'Histoire de Marseille (s. S. 36) werden Besucher dienstags und freitags jeweils um 10.15 und 14.30 Uhr zum Mémorial de la Marseillaise geführt, 5 €, erm. 3 € (für beide Museen zusammen). Das bekannteste musikalische Symbol der französischen Republik ist die „Marseillaise". Wie schön, dass sich ihre ganze Geschichte in den aufwendig restaurierten Mauern erfahren lässt, in denen das kämpferische Lied das erste Mal gesungen wurde. Auf dem historischen Weg von der ersten Note bis zur heutigen musikalischen Institution ist museal nichts ausgelassen worden.

100 [D4] **MuCEM – Musée des Civilisations de l'Europe et de la Méditerranée,** 7 Promenade Robert Laffont/Esplanade du J4, Tel. +33 (0) 484351313, www.mucem.org, Mi.–Mo. 11–19 Uhr (Mai/Juni und Sept./Okt.), 10–20 Uhr (Juli/Aug.), 11–18 Uhr (Nov.–April), freitags (Mai–Okt.) bis 22 Uhr, Eintritt: 8 €, ermäßigt 5 €, Métro-Station Vieux-Port oder Joliette, Bus 82, 82s, 60 oder 49 bis Fort Saint-Jean. Der renommierte Architekt Rudy Ricciotti hat einen feinen Entwurf realisiert, der festen Raum für Themenausstellungen wie Rom, Jerusalem und Migration plus große Kunst schafft und trotzdem leicht und transparent wie eine „vertikale Kasbah" wirkt. Dieses statische Wunderwerk korrespondiert bestens mit dem alten Ausstellungsgemäuer Fort Saint-Jean gleich nebenan und dem aufwendig erweiterten Centre de conservation et de ressources (CCR) im Viertel La Belle de Mai. Neue Kunsträume und spektakuläre Basisausstellungen wie „Au bazar du genre, féminin/masculin" und „Le Noir et le Bleu. Un rêve méditerranéen" runden die großartige Präsentation ab.

101 [G4] **Musée Cantini,** 19 Rue Grignan, Tel. +33 (0) 491547775, http://musee-cantini.marseille.fr, Di.–So. 10-18 Uhr, 5 €, erm. 3 €. Den Namen hat das Museum von seinem letzten Besitzer, dem berühmten Steinmetz und Mäzen Jules Cantini. Eine beeindruckende Sammlung von Kunst aus der ersten Hälfte des 20. Jh. ist in diesem über 300 Jahre (!) alten Stadthaus zusammengetragen worden, hauptsächlich Werke des Fauvismus, Expressionismus und Surrealismus. Die zahlreichen Gemälde von Matisse, Dufy, Léger, Picasso und Ernst sind absolut sehenswert. Eine Schatzkammer für Bewunderer großer Bildkunst.

102 **Musée d'Art contemporain – MAC,** 69 Avenue d'Haïfa, Metro bis zum Rond-Point du Prado, dann Buslinie 23 oder 45 bis Haïfa-Marie-Louise, Tel. +33 (0) 491250107, http://mac.marseille.fr, Di.–So. 10–18 Uhr, 5 €, erm. 3 €. In den großzügig geschnittenen, hellen Räumen wird zeitgenössische Kunst gezeigt, hier ist die Moderne bestens durch den neuen Realismus, die Arte Povera und

EXTRATIPP

Freier Eintritt

In allen städtischen Museen können die Dauerausstellungen am ersten Sonntag eines jeden Monats kostenfrei besucht werden! Eine Übersicht findet sich unter:

› www.marseille.fr/siteculture/les-lieux-culturels/musees/musees/collections-permanentes

den Eklektizismus vertreten. Ähnlich wie in einer ambitionierten Großgalerie hat das MAC zusätzlich Objekte und Installationen aufgebaut, die keiner speziellen Richtung zugeordnet werden können und manchmal sehr überraschende und ironische Einsichten vermitteln. Museum meets gallery.

103 [H12] **Musée des Arts décoratifs et de la mode – Château Borély,** 134 Avenue Clot Bey, Tel. +33 (0) 491553360, http://musee-borely.marseille.fr, Di.–So. 10–18 Uhr, 5 €, ermäßigt 3 €. Wie passend als Bühne für die französische Lebensart, dieses große Schloss am Parc Borély. Hier präsentieren sich harmonisch auf 1400 m² und auf zwei Etagen die wunderbare Mode von Chanel und elegante Haute Couture, da stehen Skulpturen aus der Sammlung Cantini neben feiner Keramik und Fayencen, da hängen schöne Grafiken von Feuillet de Borsat über feinem Interieur, da strömen betörende Düfte aus schlanken Glasflakons. Ein dekorativer Mix aus begreifbarem Savoir-vivre.

104 [J2] **Musée des Beaux-Arts (Museum der Schönen Künste),** 7 Rue Edouard Stephan, Tel. +33 (0) 491145930, http://musee-des-beaux-arts.marseille.fr, Di.–So. 10–18 Uhr, 5 €, ermäßigt 3 €. Das Museum der Schönen Künste ist Marseilles ältestes Museum und im Nordflügel des Palais Longchamp untergebracht. Auf 1400 m² Ausstellungsfläche werden Gemälde, Skulpturen und Zeichnungen vom 16. bis zum 19. Jh. gezeigt. Besonderheit: Auch Künstler der Marseiller Schule wie Loubon, Guigou, Ziem und Monticelli faszinieren mit ihren originellen Landschaftsmalereien.

105 [G3] **Musée d'Histoire de Marseille,** 2 Rue Henri-Barbusse, Centre Bourse, Tel. +33 (0) 491553600, http://musee-histoire-de-marseille.marseille.fr, Di.–So. 10–18 Uhr, 5 €, ermäßigt 3 €. Unglaublich, was Marseille an kulturhistorischen Schätzen birgt und mit welcher Sorgfalt und Sensibilität die Exponate zusammengetragen und aufgebaut worden sind. Alle Fragen werden bestens beantwortet. Jeder Stein, jede Tonscherbe und jeder Balken hat seine eigene Geschichte, die chronologisch geordnet und sehr plastisch erzählt wird. Fehlt nur noch, dass Gründervater Protis mit seiner Gemahlin Gyptis zur Tür hereinspaziert. Marseilles Historie wird lückenlos von A bis Z vorgestellt, also ein absolutes Pflichtprogramm!

106 [G4] **Musée de la Marine et de l'Economie,** Palais de la Bourse, 9 La Canebière, Tel. +33 (0) 491393321, www.ccimp.com, tägl. 10–19 Uhr, 2 €, ermäßigt 1 €, unter 12 Jahren Eintritt frei. Von der einfachen Barke bis zum Ozeanriesen, vom Dreimastschoner bis zum dampfgetriebenen Frachter, von der hochglanzpolierten Schiffsarmatur aus Messing bis zum Steuerrad aus feinem Mahagoni, alles ist maßstabgetreu und liebevoll aufgebaut. Rindenschiffchen-

Ein guter Fang: Fotokunst der Künstlerin Michèle Sylvander im Musée d'Art contemporain (MAC, s. S. 35, Abdruck mit freundlicher Genehmigung der Künstlerin) schnitzer, Freizeitkapitäne und Bewunderer des maritimen Verkehrs kommen aus dem Staunen nicht heraus.

107 [J2] **Musée Grobet-Labadié,** 140 Boulevard Longchamp, Tram bis Longchamp, Tel. +33 (0) 491622182, www.marseille.fr, Di.–So. 10–18 Uhr, 5 €, ermäßigt 3 €. So üppig wurde im vorigen Jahrhundert in den wohlhabenden Kreisen Marseilles gewohnt: Das Haus des Ehepaares Marie und Louis Grobet erinnert an eine begehbare Puppenstube, in der alles zusammengetragen wurde, was zur damaligen Zeit als Deko angesagt war und zum wertigen und standesgemäßen Wohnen „einfach" dazugehörte. Ahnenportraits, Gobelins und samtene Sessel, Stühle und Vorhänge, Plüsch und Plunder auf drei Etagen. Liebenswert überdekoriert.

Kunst außerhalb der Museen

Der Kulturstatus Marseilles macht sich nicht an der Zahl und dem Image der klassischen Museen fest, es sind auch und vielmehr die Galerien, kreativen Werkstätten, offenen Ateliers und „alternativen Räume", welche die künstlerische Qualität und Präsenz der Stadt bestimmen. Schwierig, gleichwohl hochinteressant, sich in kurzer Zeit ein umfassendes Bild von der brodelnden Szene zu machen. Das Blättern im Internet (www.marseilleexpos.com) oder im Prospekt **„Marseille Expos"** (im Tourismusbüro, s. S. 111) sei empfohlen – die kulturelle „Unterwelt" wartet! Hier ein paar Anregungen zum Einstimmen:

066ml Abb.: mb

Zwei Frauen – Kunst am Straßenrand

108 [E4] **Espace Villeneuve Bargemon,** unter dem Place Villeneuve Bargemon (am Vieux-Port 1 neben dem Rathaus 2), Eintritt frei, wechselnde Öff-

EXTRATIPP

Von Manufaktur zu Kultur

Wer ein wenig Heimweh nach der chaotisch-fortschrittlichen Kreativszene von Berlin hat, der findet im Friche la Belle de Mai das, was auch in den Kiezfabriken der deutschen Hauptstadt existiert: ehemalige Produktionshallen mit langen Ausstellungsetagen, verwinkelte Übungsräume für Tanz und Gesang und Bühnen für progressives Theater. Toll ist auch die Ansammlung skurriler Sitzgelegenheiten, intelligenter Installationen und kreischendbunter Graffitis. Also hinein in den kulturellen Underground von Marseille, Lichtjahre von historischer Ehrfurcht und bürgerlicher Kulturromantik entfernt. Öffnungs- und Ausstellungszeiten findet man auf der Homepage.

• **109 La Friche la Belle de Mai,** 41 Rue Jobin, Tel. +33 (0) 495049504, www.lafriche.org, 15 Minuten Fußweg vom Hauptbahnhof nungszeiten. Ein sehr besonderes Forum: Man tritt durch eine unscheinbare gläserne Tür ein und wird von der Größe und Klarheit der „Katakombe" überrascht. Neben schlanken Säulen und vor glatten Betonwänden werden hier kulturelle, politische und städtisch relevante Themen auf zwei Ebenen plakatiert.

110 [H4] **Fondation Regards de Provence,** im Musée Regards de Provence, Allée Regards de Provence/Rue Vaudoyer, Tel. +33 (0) 496174040, www.museeregardsdeprovence.com, täglich 10–18 Uhr, Eintrittspreise richten sich nach der Ausstellung. Die Fondation bündelt Junges und Freches, zeigt aber auch Werke, die ins 18. Jahrhundert zurückdatieren. Sie präsentiert generationsübergreifend die Qualität künstlerischer Arbeit aus der Region.

111 [E2] **FRAC – „Fonds Régional d'Art Contemporain" Provence-Alpes-Côte d'Azur,** 20 Boulevard de Dunkerque, Tel. +33 (0)491912755, www.fracpaca.org, Di.–Sa. 12–19 Uhr, 5 €, ermäßigt 2,50 €. Der FRAC ist eine Kette von Galerien, die über das ganze Land verteilt sind, von der jeweiligen Region getragen werden und trotzdem bei Ankauf, Verteilung und Promotion autark agieren. Das Konzept ist eine kulturelle Dezentralisierung, die den örtlichen Kuratoren große Entscheidungsfreiheit einräumt. Der Frac Marseille hat eine neue Heimat gefunden: Der japanische Stararchitekt Kengo Kuma kreierte ein lichtdurchflutetes und mit minimalistischem Aufwand gestyltes Ausstellungsforum. Keine farbige Verpackung stört die „Ware", Weiß dominiert: Kunst pur.

112 [F4] **Maison de l'Artisanat et des Métiers d'Art,** 21 Cours Honoré-d'Estienne-d'Orves 19, Tel. +33 (0) 491548054, www.maisondelartisanat.org, geöffnet: Di.–Fr. 10–12, 13–18, Sa. 13–18 Uhr, Eintritt frei. Ein schönes Gewölbe mit schweren Dachbalken und kleinen Mauernischen, just da, wo sich einst das alte Galeerenarsenal befand. Die Kulisse ist nicht nur für feines Kunsthandwerk rund um Marseiller Traditionen wie geschaffen.

Die Calanques, ein Naturereignis

Begonnen hat alles gegen Ende der Eiszeit. Die Gletscher schmolzen und der Meeresspiegel stieg enorm. Aus flachen Flusstälern wurden weite, fjordähnliche Buchten, die ***Calanques.*** *Die zuvor von Menschen bewohnten Höhlen waren überflutet (wie die Cosquer-Grotte mit gut erhaltenen Höhlenmalereien fast 40 m unter dem Meeresspiegel!) und die Gegend* ***zwischen Marseille und Cassis*** *bekam ihr jetziges, reizvoll gefurchtes Antlitz. Weil die Calanques ausschließlich per pedes oder mit dem Boot zu erreichen sind, hat sich hier ein einzigartiges (naturgeschütztes) Ökosystem entwickelt und gehalten. Auf den spröden Kalkfelsen gedeihen Pinien und Kiefern, der Seewind biegt Rosmarin und Myrte, Sturmtaucher und Habichte segeln am blauen Himmel und wunderliches Getier huscht und schlängelt sich vorbei. Eine karge Landschaft, aber beim näheren Hinschauen faszinierend und berührend: Der kleine Prinz könnte auf diesem „Plateau wie von einem anderen Stern" gestanden und mit dem Herzen in die Ferne geschaut haben!*

Von Juni bis September ist der Zugang zu den Calanques wegen erhöhter Brandgefahr von der jeweiligen Wetterlage abhängig. Aktuelle Informationen erhält man unter der Telefonnummer +33 (0) 811201313.

Marseille zum Träumen und Entspannen

In der ganzen Stadt verstecken sich magische und sehr besondere Orte, an denen man vor der Hektik der Metropole fliehen, Atem holen und die Seele baumeln lassen kann.

Einer dieser Plätze ist die steinerne Bank des **Fort Saint-Jean** 9 am Hafeneingang. Die dicken Festungsmauern im Rücken erzählen Geschichten, bunte Schiffe ziehen vorbei und nehmen die Gedanken mit aufs Meer hinaus. Das brodelnde Marseille scheint weit weg und liegt doch gleich um die Ecke. Wohltuende Ruhe kann man auch im **Parc Borély** (s. S. 101), in den Gärten der **Villa Valmer** (s. S. 100) und des **Palais Longchamp** 21 neben duftendem Oleander und unter alten Olivenbäumen genießen. Ein kleines Fleckchen Grün findet sich hier abgesehen von den Familienausflugssonntagen allemal.

Wer zum Entspannen das Meer braucht, sollte an der **Corniche Kennedy** 41 entlang bis nach **Endoume** (s. S. 98) spazieren und sich auf die windgeschützten Felsen neben der „Brücke des Falschgeldes“ (Pont de la Fausse Monnaie, s. S. 98) auf den Rhythmus der Gezeiten einlassen. Das Rauschen des Meeres, die Schreie der Möwen und das Gemurmel des nahen Zentrums mischen sich zu einem fast hypnotischen Klangteppich.

Wer einmal **die Stadt verlassen will**, der sollte sich auf den Weg zur **Calanque Marseilleveyre**, einer fjordähnlichen Bucht, begeben. Hier braucht man sich nur einmal um die eigene Achse zu drehen und hat bei-

Das Fischerdörfchen Callelongue, von hier aus geht es nur zu Fuß weiter

025ml Abb.: mb

des: die abrupt aufragende, steile Felswand und die unendliche Weite des Meeres, beste Voraussetzungen für eine kleine, ganz persönliche Traumreise!

Die Fahrt in den Süden von Marseille beginnt mitten in der Stadt (Buslinie 83 bis La Plage, dann Nr. 19 bis La Madrague de Montredon und zu guter Letzt den Bus 20 bis zur Endstation Callelongue), führt immer am Meer entlang und ist damit eine wunderschöne Einstimmung auf das Kommende.

Wer diesen wilden Teil Marseilles schon mit den weißen Ausflugsschiffen „erfahren" hat, der kennt bereits die Calanques (s. S. 38). Sie nun zu erwandern, ja zu erklettern, ist jedoch alles andere als eine touristische Pflichtübung: Es ist die krasse Alternative zum schnellen Sprint ins Restaurant um die Ecke. Der Trip ist eine körperliche Anstrengung, schließlich hat der liebe Gott vor die Entspannung den Schweiß gesetzt. Vom Fischerfleckchen Callelongue kraxelt man den Berg hinauf. Die Schuhe sind fest geschnürt, es geht über glatten Stein, Schotterflächen und kantige Kalkbrocken und immer haarscharf am gähnenden Abgrund vorbei. Geführt von ein paar farbigen Wegsymbolen wandert man auf schmalem Grat, das glitzernde Meer mit dem Archipel de Riou zur Rechten. Nahe der Insel Riou wurde übrigens 2004 das lange verschollene Flugzeugwrack von Antoine de Saint-Exupéry in 70 m Tiefe entdeckt, sein Leichnam ist bis heute nicht gefunden worden. Ein guter Nährboden für neue Legenden.

Nirgendwo passt die Plattitüde „der Weg ist das Ziel" besser als hier. Nach dem etwa 40-minütigen Gang am Meer entlang erscheint tief unten wie eine Fata Morgana die Bucht Marseilleveyre mit ein paar Fischerhütten *(cabanons)* und einer einfachen Baracke mit kleiner Terrasse direkt vor der Hafenmole. Dazu smaragdgrünes Wasser, kolossale Felswände links und rechts und ein paar bunte Segel draußen auf dem Meer – was für ein Bild! Die Baracke entpuppt sich als Bistro: Nur ganz selten wird man sich an einem Glas kühlen Wasser, einem einfachen Salat und einer Portion klebriger Fritten so erfreuen wie hier. Das Chez le Belge der Wirtin Rebecca Vanheesbeke ist eher ein Familienrefugium denn eine angesagte Wanderhütte. Ob also auf der Veranda sitzend oder direkt am Meer liegend, ob genüsslich alleine oder romantisch zu zweit, hier kann man in der Sonne dösen und relaxen – sehr wohltuend.

Die Regeneration gelingt viel zu schnell und frische Energie ist getankt. Man guckt in die roten Gesichter der Ankommenden, nickt ihr stolzes „Geschafft!" ab und stolpert dann selbst irgendwann auf dem gleichen Weg zurück, das Meer diesmal auf der linken Seite. Der Abschied von dieser grandiosen Natur schmerzt ein wenig, gleichwohl bleibt ein Gefühl tiefer Befriedigung und Entspannung. Darum einfach schnell wiederkommen und ein paar Träume nachladen!

Das Ballet d'Europe von Jean-Charles Gil probt am Vieux-Port

009ml Abb.: mb

Zur richtigen Zeit am richtigen Ort

Februar

- **ATP-Turnier Open 13:** Weltklassetennis im Palais des Sports (81 Rue Raymond Teissère, www.open13.org)

März/April

- **Carnaval de Marseille:** großer Karnevalsumzug rund um die Avenue du Prado (www.mairie-marseille.fr)
- **Festival de Musique Sacrée** (Apr.-Juni): Kirchenmusikfestival in der Eglise Saint-Michel Archange (1 Place de l'Archange, www.mairie-marseille.fr)

Mai

- **Festival les Musiques:** internationales Festival zeitgenössischer Musik, drei Wochen Spektakel in der ganzen Stadt (www.gmem.org)

Juni

- **Fête du Panier:** Straßentheater, Konzerte und Ausstellungen im Panier-Viertel
- **Festival de Marseille – F/D/Am/M** (Mitte Juni–Mitte Juli): Die Stadt feiert! Tanz, Musik, Theater und Film an verschiedenen Orten (www.festivaldemarseille.com)
- **Les Voiles du Vieux-Port:** traditionelle Segelschiffe im Vieux-Port 1 (www.lanautique.com)
- **Fête de la Musique** (21. 06.): In ganz Marseille tobt der Musikbär!

Juli

- **Le Mondial de Pétanque „La Marseillaise":** internationale Pétanque-Meisterschaften (Variante des Boule-Spiels) im Parc Borely, Finale am Vieux-Port 1 (www.petanque710.com)
- **Festival MIMI:** buntes Kulturprogramm auf den Frioul-Inseln (www.amicentre.biz)
- **Festival International du Documentaire de Marseille:** internationales Dokumentarfilmfestival (www.fidmarseille.org)
- **Festival de Jazz des 5 Continents:** Jazzfestival mit Bands aller Kontinente in den Gärten des Palais Longchamp (www.festival-jazz-cinq-continents.com)

Zur richtigen Zeit am richtigen Ort

Feiertage

- **Jour de l'An:** Neujahrstag (1. Januar)
- **Pâques:** Ostern (So. und Mo.)
- **Fête du Travail:** Tag der Arbeit (1. Mai)
- **Fin 2e Guerre Mondiale:** Ende des Zweiten Weltkrieges (8. Mai)
- **Ascension:** Christi Himmelfahrt
- **Pentecôte:** Pfingsten (So. und Mo.)
- **Fête Nationale:** Nationalfeiertag (14. Juli)
- **Assomption:** Mariä Himmelfahrt (15. August)
- **Toussaint:** Allerheiligen (1. November)
- **Armistice:** Waffenstillstand von 1918 (11. November)
- **Noël:** erster Weihnachtsfeiertag (25. Dezember)

- **Ciné Plein-Air:** Freiluftkino auf vielen Plätzen der Stadt (www.cinetilt.org)

August

- **Septembre en Mer** (Mitte Aug.-Anfang Okt.): Events zum Thema „Meer" (www.officedelamer.com)

September

- **Beach-Rugby Cup:** Kultsport am Parc Balnéaire du Prado 42 (www.beach-rugby.com)
- **Fête du Plateau:** Wochenendparty rund um den Cours Julien 30 (www.coursjulien.marsnet.org)
- **Le Festival Marsatac:** Musik rund um das Fort Saint-Jean 9, von Manu Dibango bis Patrice, von Funk bis zu afrikanischen Rhythmen (www.marsatac.com)
- **Festival de Musique à Saint-Victor** (Ende Sept.-Anfang Dez.): klassische Musik in der Basilique Saint-Victor 16 (http://saintvictor.chez.com)
- **Fête du Vent:** Drachenfest am Parc Balnéaire du Prado 42. Schön, bunt, spektakulär – einfach fantastisch. Mehr Drachen geht nicht!

Oktober

- **La Fiesta des Suds:** 15-tägiges, kosmopolitisches Musikfestival mit angesagten Bands und Interpreten aus aller Welt im Dock des Suds (www.dock-des-suds.org)
- **Halbmarathon Marseille-Cassis:** Start am Stade Vélodrome 37 (www.marseille-cassis.com)

November/Dezember

- **Dansem** (Mitte Nov.-Mitte Dez.): beeindruckende Inszenierungen des modernen Tanzes (www.dansem.org)
- **Foire aux Santons** (letzter So. im Nov. bis 31. Dez.): Markt für provenzalische Krippenfiguren (La Canebière 20/Place du Général-de-Gaulle und am Vieux-Port)

AM PULS DER STADT

003ml Abb.: mb

Das Antlitz der Metropole

Ob man vom Meer kommt und die Stadt wie eine Fata Morgana aus dem Dunst erscheint oder man sich vom Flughafen nähert und sie rechts vor dem Panorama der Berge und des Meeres auftaucht: Die Metropole fasziniert einen vom ersten Moment an!

Marseille ist mit seinen 860.000 Einwohnern auf 240 km² Fläche und der unglaublichen Küstenlänge von fast 57 km (davon 20 km Calanques) nach Paris die **zweitgrößte Stadt Frankreichs.** Die Hauptstadt des Departements **Bouches-du-Rhône** in der Region **Provence-Alpes-Côtes d'Azur** (PACA) ist in 16 Arrondissements mit insgesamt 111 Quartiers aufgeteilt und seit 1958 Partnerstadt von Hamburg. Sie öffnet sich zum Golf du Lion und schmiegt sich aufsteigend wie ein riesiges Amphitheater an die sie umgebenden Gebirge: im Nordwesten an die **Chaîne de l'Estaque,** die den Etang de Berre (großes salzhaltiges Binnengewässer) vom Meer abtrennt, im Nordosten an die **Chaîne d'Etoile** mit dem Garlaban-Massiv (höchste Erhebung ca. 700 m), im Süden an den **Montagne de Marseilleveyre** und im Südosten an die **Chaîne de Saint-Cyr** mit dem 645 m hohen Mont Carpiagne.

Es hat immer wieder **Zäsuren** in der Geschichte der Stadt gegeben. Territoriale Okkupationen in der Antike, religiöse Exzesse und große Seuchen im Mittelalter, napoleonischer Größenwahn und Zerstörung alter Bausubstanz im 19. Jahrhundert sowie die deutsche Besetzung und Immigrantenschwemme in der Neuzeit. Marseille hat alles ertragen, sich ab und an gewehrt, sich natürlich verändert und trotz allem ist es eine **mediterrane Schönheit** geblieben. Den-

026ml Abb.: mb

noch wird die Stadt immer wieder verkannt, wohl auch, weil Falten und Narben unkaschiert und selbstbewusst gezeigt werden. Es lohnt, sich Zeit zu nehmen und die Metropole genau anzuschauen. Im altersschönen Antlitz liest man sowohl die ganze Pein gelebter Jahrhunderte als auch ihre unbändige Lebenslust.

KURZ & KNAPP

Die Stadt in Zahlen

- **Gegründet:** ca. 600 v. Chr.
- **Einwohner:** 860.000
- **Einwohner/km²:** 3536
- **Fläche:** 240,62 km²
- **Höhe ü. M.:** 0–640 m

Von den Anfängen bis zur Gegenwart

Marseille hat den Griechen viel zu verdanken – wenn nicht gar seine Existenz. Es wurde etwa 600 vor Christi von griechischen Siedlern als Massalia gegründet und ist mit seinen mehr als 2600 Jahren auf dem Buckel Frankreichs älteste Stadt. Die erste große Blütezeit erlebte Marseille im 17. Jahrhundert, als es durch den Handel mit französischen Kolonien Reichtum und weltweite Bedeutung erwarb. Nach einer langen Phase der Stagnation und dem Kraft- und Imageverlust durch Krieg und Wegfall der überseeischen Märkte ist die Metropole heute auf dem Weg zu alter Größe.

Um 600 v. Chr. Es sind Seeleute aus der antiken griechischen Stadt „Phokäa“ (dem heutigen „Foça“ in der türkischen Provinz Izmir), die **Massalia** gründen. Die kleine Kolonie erstreckt sich auf den Hügeln nördlich des Vieux-Port ❶ und ist lange Zeit ein Außenposten Griechenlands am westlichen Mittelmeer.

2. Jh. Der geniale Tacitus berichtet in seinem Werk „Agricola“ noch vom „griechischen Charme“ der Stadt, die jedoch zunehmend unter **römischen** Einfluss gerät.

3. Jh. Das **Christentum** breitet sich in ganz Europa aus und erreicht auch Marseille.

4. Jh. Mit der Inthronisierung des ersten Bischofs ist die Stadt endgültig christianisiert.

8./9. Jh. In den Wirren der Völkerwanderung und unter den Überfällen der Sarazenen hat Marseille schwer zu leiden. Der (damals schon) florierende Handel stagniert.

11. Jh. Die Stadt erholt sich langsam wieder, alte Handelsbeziehungen werden neu belebt. Trotz der Glaubenskriege und der wechselnden Zuständigkeiten von Adel, Kirche und König bewahrt sich Marseille eine gewisse Unabhängigkeit.

13. Jh. Marseille wird zur **selbstständigen Republik.**

15. Jh. Vereinigung der Republik Marseille mit Frankreich

1660 Aufgrund der permanenten Auflehnung gegen die gesetzgeberischen Maßnahmen aus der Hauptstadt Paris kommt es zur Konfrontation zwischen den Marseillern und Louis XIV. Konsequenz: Die komplette Administration wird ausgewechselt und königliche Truppen besetzen die Stadt.

‹ Der Vieux-Port, Heimathafen unzähliger Boote (s. S. 54)

« Seite 43: Nach dem morgendlichen Fischfang ist eine Pause wohlverdient

Von den Anfängen bis zur Gegenwart

1669 Marseille wird durch ein Edikt zum Freihafen erklärt, besitzt damit faktisch das Handelsmonopol für Waren aus dem Orient und erlebt einen phänomenalen wirtschaftlichen Aufstieg.

1720 Das Handelsschiff Le Grand Saint Antoine bringt die Pest nach Marseille.

1789 Die französische Revolution bricht aus und Marseille wird wegen seines Widerstandes gegen das „Jakobinische Konvent" für kurze Zeit zur *ville sans nom* („Stadt ohne Namen") erklärt.

1830–1848 In der Zeit der Julimonarchie entwickelt sich Marseille zum größten Hafen Frankreichs und zum drittgrößten Europas.

1934 Der jugoslawische König Alexander I. und der französische Außenminister Louis Barthou werden vor dem Palais de la Bourse 25 ermordet.

1940 Tausende antifaschistischer, deutschsprachiger Emigranten fliehen nach Marseille, doch die Regierung Pétain hat der deutschen Führung die Auslieferung der Flüchtlinge zugesagt – ein tödliches Katz- und Mausspiel beginnt. Der Amerikaner Varian Fry spielt bei der Rettung vieler Künstler und Intellektueller eine entscheidende Rolle.

027ml Abb.: mb

1943 Marseille ist von deutschen Truppen besetzt. Um die Résistance und die flüchtigen Juden aus ihren Verstecken zu vertreiben, wird ein komplettes Stadtviertel evakuiert und anschließend gesprengt. 30.000 Bewohner verlieren ihr Zuhause.

Vive la France

Es mutet wie ein genialer PR-Gag an: Marseille ist permanent in aller Munde. Auf jedem kleinen Stadtfest, vor allen Länderspielen, bei internationalen Auftritten von Politik und Militär, die ***„Marseillaise"*** *wird je nach Stimmung andächtig oder inbrünstig intoniert. Eine ganze Nation läuft hinter dem patriotischen Liedchen her, das im Jahre 1792 von einem Herrn Rouget de Lisle aus Straßburg geschrieben wurde und dann auf Umwegen nach Südfrankreich gelangte. Ein Bataillon Marseiller Nationalgardisten war begeistert, machte die bluttriefenden Verse zu ihrem* ***Kampflied*** *und grölte sie bei den* ***Revolutionskämpfen*** *in Paris den Kaiserlichen entgegen. Der Rest ist Geschichte und hinlänglich bekannt, auf jeden Fall wurde der „Siegersong" am 14. Juli 1795 und (nach mehrfachen Verboten) dann noch mal 84 Jahre später endgültig zur* ***Nationalhymne*** *geadelt, doppelt hält besser. Es gibt wohl kaum ein Liedgut, von dem sich Menschen so motivieren lassen und mit dem sie sich so identifizieren wie die Franzosen mit ihrer „Marseillaise": „Allons enfants de la Patrie!" („Auf, Kinder des Vaterlandes!")*

Ab 1946 Jahre des Wiederaufbaus und der wirtschaftlichen Konsolidierung

1953 Der Sozialist Gaston Defferre wird zum Bürgermeister gewählt und ist über die Rekordzeit von 33 Jahren im Amt.

1962 Frankreich verliert seine algerischen Kolonien und ein riesiger Strom von Rückwanderern drängt in die Stadt.

1980–1985 Der Polizeiapparat wird verstärkt und die Judikative neu organisiert, um die steigende Verbrechensrate in den Griff zu bekommen.

1986 Unter dem Bürgermeister Robert Vigouroux wird das Projekt Euroméditerranée (s. S. 50) ins Leben gerufen.

1989–1993 Olympique de Marseille (OM) gewinnt fünfmal in Folge die französische Meisterschaft.

1995 Der konservative Jean-Claude Gaudin wird zum Bürgermeister gewählt und regiert bis heute.

2008 Marseille gewinnt die Wahl zur Europäischen Kulturhauptstadt 2013.

2009 Über Sanierungsprojekte wie das Euroméditerranée fließt neues Geld in die Metropole, der Scheck auf die Zukunft scheint gedeckt, die Geschichte Marseilles wird weitergeschrieben.

2013 Marseille ist neben dem slowakischen Košice Europäische Kulturhauptstadt.

2014 Eröffnung der Voûtes de la Major (Gastronomie, Einzelhandel) zu Füßen der Cathédrale de la Major 10 und der Terrasses du Port, dem ersten europäischen Einkaufszentrum direkt am Meer (s. S. 52).

2016 Frankreich ist Austragungsort der Fußball-Europameisterschaft der Männer; auch in Marseilles Stade Vélodrome 37 finden Spiele statt.

2017 Marseille ist Europäische Hauptstadt des Sports.

◁ *Wie die Zeit vergeht – ein nostalgisches Klingelschild*

Leben in der Stadt

Marseille ist nicht nur eine große Hafenstadt unter südlicher Sonne mit einer beeindruckend langen und aufregenden Geschichte, nein, sie verkörpert auch eine besondere Lebensart wie man sie nur hier antrifft. Die Stadt ist geprägt von Unruhe, vom unentwegten Kommen und Gehen fremder Kulturen und Menschen, vom Zwang zur Öffnung nach außen und einer gleichzeitigen Abschottung zur Wahrung eigener Interessen. Die Metropole ist doppelgesichtig wie ein Januskopf, weltoffen und gleichzeitig provinziell, gastfreundlich und dann wieder abweisend und spröde, sowohl elegant gestylt als auch verwahrlost und provisorisch. Es braucht etwas Neugier und Geduld, um sich auf diese Widersprüchlichkeit einzulassen und sich auf die Suche nach der Großartigkeit der Stadt zu machen.

Trotz der administrativen Dominanz von Paris und seinem uneinholbaren Vorsprung als absolutes Zentrum des Landes, hat die politische, wirtschaftliche und kulturelle Bedeutung von Marseille in den vergangenen Jahrzehnten beständig zugenommen. Die politische Spitze mit dem Bürgermeister Jean-Claude Gaudin versucht, die strukturellen und sozialen Probleme der Stadt zu kanalisieren und zu lösen. Ein neues Image brachte das Kulturhauptstadtjahr 2013, aber auch das spektakuläre Projekt **Euroméditerranée** (s. S. 50) soll Marseille nachhaltigen wirtschaftlichen Erfolg garantieren. Das gewaltige **Stadterneuerungsprogramm** Euroméditerranée wurde mit vielen Millionen aus dem Landessäckel aufgelegt und ist bereits weit vorangeschritten. Eindeu-

Literatur aus Marseille: Izzo und Pagnol

Der Polizist Fabio Montale liebt die einfachen Dinge des Lebens, gutes Essen, guten Wein und Musik. Er liebt es, mit seinem Boot aufs Meer zu fahren, um Stille aufzutanken. Und er liebt seine Freunde. Italiener, Spanier, Nordafrikaner und auch Franzosen gehören für ihn zum Schmelztiegel Marseille. Doch als Hauptfigur der drei Romane „Total Cheops", „Chourmo" und „Solea" hat Montale ständig mit den Verbrechen der Stadt zu tun. Er kämpft gegen einen korrupten Polizeiapparat, die Mafia, Rechtsextremisten und islamische Fundamentalisten. Eine große Herausforderung für einen melancholischen und gefühlvoll-sanften Charakter, für den es eigentlich ein reiner Zufall ist, ob man im Leben Polizist oder Gangster wird.

„Woher man auch kommt, in Marseille ist man zu Hause!", sagte ***Jean-Claude Izzo*** *(1945–2000), Sohn eines italienischen Einwanderers und einer Halbspanierin. Der Erfinder des Polizisten Fabio Montale verfasste bereits sehr früh Gedichte, arbeitete später journalistisch und im Alter von 50 Jahren dann als Buchautor. Sein erster Krimi, „Total Cheops", wurde sofort zum Bestseller. Die Trilogie zählt inzwischen zu den großen Werken der internationalen Kriminalliteratur.*

Der Marseiller Schriftsteller erzählt mit Detailkenntnis und Anteilnahme. Seine drei Bücher sind nicht nur äußerst spannend geschriebene Kriminalromane, sondern auch ***hochpolitische Literatur.*** *Izzo macht auf das starre Festhalten an religiösen Grundsätzen, auf Diskriminierung, die Macht der Unterwelt und die Gewaltbereitschaft der Polizei aufmerksam. Er zerrt die „ehrenwerte Gesellschaft" von Marseille ans Licht, bekämpft die organisierte Kriminalität und rechtes Gedankengut. Mit seiner schriftstellerischen Arbeit zeichnet er darüber hinaus ein liebevolles Porträt der beeindruckenden Hafenmetropole, die trotz all ihrer Widersprüche ein Ort ist, an dem sich die Exilierten der Welt begegnen. Seine Romane sind eine* ***Ode an Marseille,*** *an seine Schönheit und sein Licht, an seine unverfälschte Lebensfreude und sein Chaos. Wer Izzo liest, geht durch Marseilles Straßen.*

In der französischen Schule ist die Lektüre von ***Marcel Pagnols*** *Werken Pflicht. Jedes Kind kennt und „fürchtet" ihn, denn seine Sprache ist anspruchsvoll und erlesen. Pagnol, der „da Vinci" des Wortes wurde 1895 in Aubagne geboren, wuchs in Marseille auf und fand erste Anerkennung als Drehbuchautor, Dramaturg und Regisseur. Die meisten Franzosen aber sehen in Marcel Pagnol den Schriftsteller und verbinden ihn mit seinen* ***„Kindheitserinnerungen",*** *an die er sich erst im Alter von etwa 60 Jahren herantraute. Damit gelang ihm ein literarisches Spätwerk, eine stimmige Beschreibung von Ort und Zeit, eine Verbeugung vor den Eltern und eine Liebeserklärung an die Provence. Seine Erlebnisberichte lesen sich wie die spannenden Abenteuer eines Huckleberry Finn, nur dass die „Tatorte" nicht am Mississippi, sondern in der Provence liegen. Pagnol positionierte sich zudem als Bewahrer und Pfleger der Dialekte des Südens: Er ließ seine Protagonisten mit dem Staccato-Akzent der Marseiller reden und setzte seiner Heimat dadurch ein Denkmal.*

tige Signale wie die Erweiterung des neuen Hafens La Joliette, dem größten des Landes, die Sanierung der Docks de la Joliette ⓫, der Ausbau der Rue de la République ⓬ und des Gare Saint-Charles ㉒ sind bereits überall in der Stadt gesetzt.

Parallel dazu und ähnlich schnell und erfolgreich wurde an **ökologischen Versorgungsstrategien** gearbeitet. Die Trinkwasserqualität ist durch den Bau einer großen Kläranlage hervorragend. Trotz der extrem trockenen Sommermonate sind die Reservoire immer wohlgefüllt und das Wasser in Bucht und Hafen ist sauber und klar. Die ehemals hohe **Verbrechensrate** ist auf das „erträgliche" Niveau vergleichbarer Hafenmetropolen gesunken, die **Arbeitslosenquote** wurde auf rund 12 % heruntergefahren, ein bemerkenswerter Erfolg der städtischen Wirtschaftspolitik. Der **Tourismus** gewinnt für Marseille zunehmend an Bedeutung. Allein durch die Kreuzfahrtschiffe kommen jährlich mehr Reisende in die Stadt! (2014 haben rund 1,3 Million Passagiere einen Zwischenstopp in Marseille eingelegt.) Die Kassen klingeln und das ist gut fürs städtische Portemonnaie.

Das wirkliche Problem der Stadt ist nicht das chaotische **Verkehrsaufkommen** zu den Stoßzeiten, wenn Marseiller hinaus zu den großen Fabriken oder Bewohner des Umlandes hinein zu den Dienstleistungs- und Verwaltungskomplexen pendeln. Auch nicht alleinig der unberechenbare **Mistral** oder die extreme **Hitze** des Sommers oder die regelmäßigen **Streiks**, die tagelang die Stadt lähmen und zum Volkssport avanciert sind. Ebenfalls nicht die Niederlage von Olympique de Marseille gegen den Erzrivalen Paris-Saint-Germain.

028ml Abb.: mb

Nein, das wirkliche Problem ist das **soziale Ungleichgewicht**, entstanden durch ein immens hohes Immigrantenaufkommen. Allein durch die Rückführung der Kolonialisten drängten Hunderttausende in die Stadt, ganz zu schweigen vom Strom mittelloser Zuwanderer aus Nordafrika und anderen Staaten rund ums Mittelmeer. Sie treffen auf ein etabliertes Bürgertum mit all seinen gewachsenen Privilegien. Armut prallt auf Wohlstand. Resignation, Perspektivlosigkeit und ein gefährlicher Neid haben sich ausgebreitet wie an den Eigentums- und Gewaltdelikten abzulesen ist. Eine Sisyphusarbeit für die Stadt, Menschen zu integrieren und gegen die Gettobildung in den nördlichen Quartiers aktiv zu werden. Derlei Maßnahmen benötigen eben gute Konzepte und ausreichend Geld.

Marseille und das Meer – selbst die Pferderennbahn Hippodrome Borély hat Meerblick

029ml Abb.: mb

Der **Marseiller** selbst ist schwer zu definieren: Er ist eine Collage mit schwarzafrikanischen Füßen, dem runden Bäuchlein eines geschäftstüchtigen Levantiners, der sonnengegerbten Haut eines Fischers und dem Charme des Parisers. Von Haus aus weltoffen und gastfreundlich, köchelt er auch ebenso gerne selbstverliebt im eigenen Fischsud. Gut, dass jetzt Fremde kommen, die nicht lange bleiben und für die Jahrtausendvita seiner Heimat auch noch zahlen.

Es ist müßig, immer und immer wieder die großartige Kulisse, das Meer, das Licht und die vorzügliche Küche zu loben. Drum zusammengefasst: Marseille mundet köstlich und macht süchtig.

Marseiller Realität – die Kulturhauptstadt kämpft mit der Armut

Der 145m hohe Tour CMA CMG der Architektin Zaha Hadid

Das Projekt Euroméditerranée

Man fühlt sich fast an die gewaltige Bautätigkeit unter der Ägide des Sonnenkönigs Louis XIV. erinnert oder aber an napoleonische Zeiten und ihre städtebaulichen Kraftakte. Das 1995 ins Leben gerufene Euroméditerranée wird als größtes urbanes Sanierungsprojekt des südlichen Europas angesehen und ist mit den infrastrukturellen Veränderungen anderer Hafenstädte wie London und Hamburg absolut vergleichbar.

Im Jahr 2000 wurde nach einer intensiven, fünfjährigen Vorbereitungsphase mit der „Operation von nationalem Interesse“ begonnen. Der französische Staat, die Stadt Marseille selbst, die urbane Gemeinschaft Marseille Provence Métropole, das Departement Bouches-du-Rhône, die Region Provence-Alpes-Côtes d'Azur und viele private Investoren hatten und haben mit dem **Sanierungsprojekt** nur ein Ziel: die Stadt auf das Niveau der größten europäischen Metropolen anzuheben! Welch glücklicher Umstand, dass gerade zum geplanten Abschluss der „euromediterranen“ Arbeiten das Großereignis „Europäische Kulturhauptstadt 2013“ anstand. Das dramatisierte das Zeitfenster, erhöhte den Druck für eine pünktliche Erledigung der zahlreichen Vorhaben und war gleichzeitig wunderbare Gelegenheit, einem internationalen Publikum voller Stolz das Geschaffene zu präsentieren.

Auf einer Fläche von sage und schreibe 480 ha wird direkt im Herzen Marseilles zwischen den neuen Hafenanlagen und dem Viertel Belle-de-Mai (die Rue de la République 12 und das Quartier um den Gare Saint-

Charles ㉒ eingeschlossen) mit einem üppigen Budget gebuddelt, abgerissen, errichtet und saniert. **Brachliegende Gebäude** in Zentrumsnähe sollen **kommerziell genutzt** und **neue Wohnquartiere** gebaut werden, eine Ausweitung der attraktiven Mitte nach Norden also. Man versucht damit, eine lebensfrohe Symbiose von professionellem Hafenbetrieb, schönem Wohnen und kulturellen Aktivitäten zu schaffen. Ein neuer Tunnel am Bahnhof, die Autobahnverlegung am Hafen und der Ausbau des Fahrradwegenetzes sind endlich fertiggestellt – längst fällige **Maßnahmen gegen den permanenten Verkehrskollaps** auf Marseilles Straßen. Doch ob das bei dem zu erwartenden Besucheransturm in den kommenden Jahren ausreichen wird, ist mehr als fraglich.

Die Liste der **Euroméditerranée-Projekte** ist lang und wird die Kulisse der Stadt weiter verändern. Prosperität ist angesagt und die Metropole marschiert! Dort, wo einst alte Bauten gammelten, arbeitet man heute hinter modernen Glasfassaden, die von einem filigranen, 33-stöckigen Büroturm der englischen Stararchitektin Zaha Hadid flankiert werden. In einem Quartier, für das es lange Zeit keine Investoren mehr gab, findet man nun komfortable Lofts und Appartements. Mit viel Respekt vor alter Bausubstanz sind die Docks de la Joliette ⑪ saniert worden. Ein alter Silo wurde zu einem riesigen Aufführungssaal mit rund 2000 Sitzplätzen umgebaut, ganz nach dem großen Vorbild der Olympia in Paris. Die ehemaligen Fabriken im Viertel Belle-de-Mai beherbergen heute das zweitgrößte Fernseh- und Multimediazentrum Frankreichs. Auch das spektakuläre MuCEM (s. S. 35), ein Entwurf des Architekten Rudy Ricciotti, ist realisiert.

Auf dem Euroméditerranée-Areal wird immer noch fleißig und mit viel Sinn für das Wechselspiel von Historie und Avantgarde gearbeitet. Aber natürlich lassen sich mit Aktionismus nicht die sozialen Realitäten in Marseilles Norden kaschieren. Bleibt zu hoffen, dass nach der Bereitstellung der „Hardware“ für die moderne Stadt auch die richtige „Software“ wie soziale Absicherung, Menschenachtung und integratives Miteinander zur Verfügung stehen wird!

077ml Abb.: mb

Les Terrasses du Port und les Voûtes de la Major: Die up-to-date-Lebenswelt im Herzen des Projektes Euroméditérranée

Les Terrasses du Port

Nach 10 Jahren Planung und Konstruktion wurden die Terrasses du Port (s. S. 13) im Mai 2014 eröffnet. Sie sind das **neue Einkaufsziel** inmitten des größten südeuropäischen Geschäftsviertels Euroméditérranée (s. S. 50). Ihr sonniges Extra: eine 260 m lange Terrasse direkt am Meer. Hier kann man flanieren oder einfach nur am Geländer lehnen, die Aussicht genießen und (beinahe) Schiffe streicheln.

Auf vier Etagen und 61.000 m² gibt es 190 **Boutiquen** (von Bekleidung über Schmuck und Mode bis hin zu Haushaltsartikeln und Spielwaren), **Restaurants, Cafés** und **Bars.** Doch die Terrasses du Port sind nicht nur Shoppingmeile: Ein prall gefüllter **Veranstaltungskalender** ist genauso Anziehungspunkt wie die immer wieder stattfindenden Themenpartys.

Les Voûtes de la Major

Wer vom Panier-Viertel zur Esplanade geht, kommt an den Voûtes de la Major (s. S. 14), die ebenfalls zum Projekt Euroméditerranée gehören, nicht vorbei. Auch hier wurde jahrelang gebuddelt und gebaut, damit sich die alten Gewölbe zu Füßen der Kathedrale heute wie aus dem Ei gepellt präsentieren.

Seit Mitte 2014 sind die Voûtes, die sich wunderbar in die Museenlandschaft (MuCEM, Regards de Provence und Villa Méditerranée, s. S. 35 bzw. S. 38) integrieren, geöffnet. Auf 7200 m² Fläche reiht sich Restaurant an Parfümerie und Boutique wieder an Restaurant. Highlight innerhalb der Voûtes sind die **Halles de la Major**, Luxus-Markthallen über zwei Etagen, in denen man entweder vor Ort essen oder auch exklusive Lebensmittel und außergewöhnliche Gourmet-Produkte für zu Hause erstehen kann. Neben Geselligkeit und einer tollen Atmosphäre gibt es Gemüse, Fleisch, Fisch, Käse, eine Vielfalt an Gewürzen, italienische Feinkost, Patisserie und Eis.

Die Terrasses du Port heißen Sie willkommen!

090ml Abb.: mb

MARSEILLE ENTDECKEN

004ml Abb.: mb

Erlebenswertes im Zentrum

Rund um die Canebière 20 und den Vieux-Port 1, dem gefühlten und tatsächlichen Zentrum von Marseille, bündelt sich aufgrund der von hier ausgegangenen Entwicklung der Stadt ein Strauß von beeindruckenden Gebäuden, Plätzen und Straßen.

1 Vieux-Port ★★★ [F4]

Um diesen Ort, der wie kein anderer die Entwicklung Marseilles mitbestimmt hat, rankt sich eine wunderschöne Mär: Es war lange vor Christi Geburt, da segelten stolze Griechen aus dem Stamme der Phokäer an der felsigen Küste entlang. Der Ausguck meldete eine geschützte, zum Anlegen geeignete Bucht, die Anse du Lacydon. Der Platz schien geeignet für die Siedlungspläne der Männer, man reffte die Segel und setzte an Land. Das war just an jenem Tag, an dem der König der ansässigen Keltoligurier seine einzige Tochter vermählen wollte. Die Fremden von den Schiffen wurden gastfreundlich empfangen und zur Feier geladen. Prinzessin Gyptis wählte nach uraltem Brauch aus der großen Schar der adligen Freier ihren Bräutigam aus und ihre Wahl fiel auf Protis, den schönen Anführer der Männer vom Meer. Die Ehe war besiegelt. Und wenn sie nicht gestorben sind, dann leben sie noch heute – zumindest weiter in der Symbolik, die der Gründungsgeschichte vom griechischen Massalia auf keltoligurischem Terrain innewohnt: Marseille wurde geboren aus einer Liaison von denen, die da waren und jenen, die kamen.

Viele Jahrhunderte lang war der Vieux-Port (Alter Hafen) das ökonomische Zentrum der Stadt. Hier wurden Schiffe auf Kiel gelegt, die Versorgung der Stadt mit Gütern aus aller Welt organisiert und Marseilles Hauptnahrungsmittel, Meeresgetier, angelandet. Heute hat der „Alte" keine wirtschaftliche Bedeutung mehr, der „Neue" hat ihm den Rang abgelaufen. Trotz alledem ist der Vieux-Port der gefühlte Mittelpunkt der Stadt geblieben, er ist Teil ihrer Geschichte, er ist ihre Seele.

Das rechteckige Hafenbecken wird umsäumt von drei Kaistraßen, die ein zum Meer geöffnetes „U" bilden. Im Norden ist es der **Quai du Port** mit dem so typischen Panier-Viertel im Rücken. Nach den Zerstörungen im Zweiten Weltkrieg entstanden neben dem unversehrt gebliebenen Rathaus 2 schlichte Reihenzweckbauten des Planers Fernand Pouillon. Hier reihen sich Restaurants an Bars und Bistros, mit einem ganz auf die Touristen zugeschnittenen Angebot – „English spoken", klar. Sehr traditionell ist die seit 1910 bestehende Brasserie La Samaritaine (s. S. 28) mit freundlich-professionellem Service und einem herrlichen Blick auf den Hafen, übrigens eine bevorzugte Gaststätte des Schriftstellers Izzo.

Auf der gegenüberliegenden Seite, am **Quai de Rive Neuve**, stehen neoklassizistische Gebäude mit sorgfältig restaurierten Lagerhausfassaden aus dem 18. Jh. und das Theater La Crieé 18, eine der renommiertesten Bühnen der Stadt. An der Stirnseite des Vieux-Port, am **Quai des Belges** – wo die Canebière 20 beginnt

Vorseite: Hoch oben über der Stadt liegt die Basilique Notre-Dame-de-la-Garde 13

030ml Abb.: mb

und die Boote zu den Inseln und den Calanques ablegen –, pulsiert lautstark das fischige Herz von Marseille. Ob Dorade, Meerwolf, Muschel oder Pulpo, hier kaufen Madame und Monsieur Meeresfrisches für das Abendessen, hier prüfen und ersteigern die Küchenchefs die besten Exemplare für verwöhnte Gaumen (tägl. 8.30–13 Uhr). Der Hafen ist vollgestopft mit Sportbooten und Yachten, Rumpf klebt an Rumpf, mehrere Tausend sind es, die einen der begehrten Liegeplätze ergattert haben: Hier ankert der im „feinen" Marseille Angekommene. Natürlich ist der Alte Hafen auch wegen seiner touristischen Attraktivität wichtig für die Metropole: Der Vieux-Port ist Marseille, hier beginnt die Stadt.

Wenn man in den Jahren 1905 bis 1944 trockenen Fußes den Vieux-Port überqueren wollte, tat man es über die Pont Transbordeur, ein stählernes Monstrum direkt an der Hafeneinfahrt mit zwei 86 m hohen Pylonen und einer in 52 m Höhe montierten Fahrbahnplatte. Bei den Kämpfen im Jahre 1944 wurde sie teilweise zerstört und nicht wieder hergerichtet. Damit ist ein frühes Wahrzeichen der Stadt unwiederbringlich verloren.

Wer einmal quer durchs Hafenbecken schippern möchte, dem sei das **Ferry-Boat** ans Herz gelegt. Es ist mehr als nur eine Fähre, es ist eine Institution und die Antwort auf den Verlust der Pont Transbordeur. Schon Marcel Pagnol hat dieses Unikum in seinem Werk verewigt, doch selbst bei penibler Suche lassen sich keine Fingerabdrücke des großen Jean-Claude Izzo mehr auf der Reeling finden, denn das einst hässliche Entlein ist 2010 zum schönen Schwan (neues Boot, neues Design) mutiert. Und so brummt zwischen dem Quai du Port und dem Quai de Rive Neuve weiterhin und unermüdlich ein Stück Marseille hin und her.

Blick vom Meer auf Marseille und die Einfahrt zum Vieux-Port

Nördlich des Vieux-Port

2 Hôtel de Ville ★ [E4]

Dieses **schöne alte Verwaltungsgebäude** hat eine wechselhafte Geschichte. An der Stelle des heutigen Rathauses stand im 13. Jh. das sogenannte Stadthaus, Geschäftsstelle für den Handel und Treffpunkt der Interessenvertreter von Marseille. Es wurde im 15. Jh. durch das Palais Communale ersetzt, in dem erstmals eine **strikte Trennung zwischen** den **Händlern** im Erdgeschoss **und** den **Konsulen** im ersten Stockwerk vorgenommen wurde.

Das historische Rathaus, erbaut in den Jahren 1653 bis 1670, symbolisierte die neuen Machtstrukturen, die von Ludwig XIV. im fernen Paris verordnet und in Marseille sichtbar wurden. Es gab eine neue Hafenordnung und die komplette Verwaltung der Stadt wurde auf **königliche Magistrate** übertragen. Sichtbar wird diese veränderte politische Situation in der Andersartigkeit der verwendeten Stilelemente und Materialien wie den Satteldächern, Giebeldreiecken und Schindeln, die für damalige südfranzösische Bauten keineswegs typisch waren. Der letzten These zufolge ist dieses schöne Barockgebäude das Werk des berühmten Marseiller Architekten **Pierre Puget** und seines Bruders Gaspard. Puget war von der Architektur der großen genuesischen Villen, deren Stil heute unschwer am Rathaus abzulesen ist, begeistert und beeinflusst.

Die Trennung von Handel und Magistrat innerhalb des Gebäudes blieb über die Jahre weiter bestehen und hatte eine **architektonische Besonderheit** zur Folge: Die Etage der Magistrate ließ sich nur über eine Fußgängerbrücke aus Holz erreichen, die wiederum über ein weiteres Gebäude hinter dem Rathaus zugänglich war. Obwohl so gewollt und realisiert, erinnert das Ganze doch stark an die Bürger von Schilda, die bei dem Neubau ihres neuen (überflüssigen) Rathauses Fenster und Türen vergaßen.

Ende des 18. Jahrhunderts wurde das Areal des Rathauses durch den Ankauf von angrenzenden Häusern entscheidend vergrößert und aufgewertet. Gleichzeitig war dem verantwortlichen Architekten Joseph-Esprit Brun durch den Bau des verbindenden Arkadenganges mit seinen schönen Gewölben ein Meisterwerk gelungen. Der zum Hafen ausgerichtete und unter Denkmalschutz stehende vordere Teil, der Pavillon Puget, beherbergt heute nur noch die Büros des Bürgermeisters. Durch den Ausbau des angrenzenden Platzes unter der Leitung des Architekten Franck Hammoutène konnte der Espace Villeneuve Bargemon geschaffen werden. In diesem modernen Komplex befinden sich der neue Saal für den Stadtrat, Arbeits- und Sitzungsräume und ein großer Raum für Ausstellungen.

Bis zum Vieux-Port 1 mit seiner Uferpromenade ist es nur ein Katzensprung. Nach so viel steingewordener Stadtgeschichte tut ein extrastarker Kaffee gut.

› Quai du Port. Das Rathaus ist nur einmal im Jahr während der „Journées du Patrimoine" („Tage des Kulturerbes") für das Publikum geöffnet.

⊡ *Mediterranes Flair im Panier-Viertel*

EXTRATIPP

Das Panier-Viertel

Nördlich des Vieux-Port 1, erbaut auf den Resten der antiken griechischen Stadt Massalia, liegt Marseilles Altstadt. Einst das Quartier der Fischer und Seeleute, lebt hier heute ein buntes Völkergemisch aus Franzosen, Italienern, Katalonern, Nordafrikanern, Menschen von den Antillen und den Komoren. Ein Mosaik kulturellen Reichtums! „Le Panier" ist überschaubar und ein Rundgang dauert nicht lange. Neben den Sehenswürdigkeiten wie dem Hôtel-Dieu 3, der Vieille Charité 6 oder dem Place des Moulins 5 sind das Labyrinth von auf- und absteigenden Sträßchen, Gängen und Treppen und die schmalen, farbenfrohen Häuser das wirklich Besondere. Wäsche hängt vor den Fenstern, überall stehen Blumentöpfe auf den Simsen und ein angenehmer Duft von Basilikum liegt in der Luft. Viele kleine und große Künstler haben sich mit ihren Ateliers und Galerien niedergelassen, charmante Boutiquen, Cafés und einladende Restaurants locken in die Gassen. Das Panier-Viertel mit seinem besonderen Flair muss man erleben!

032ml Abb.: mb

3 Hôtel-Dieu ★ [E3]

Am meisten Freude macht es, das ehemalige Krankenhaus über den Place Villeneuve Bargemon zu erreichen. An seinen schönen Platanen vorbei steigt man bis zum Eingangstor mit den schmiedeeisernen Gitterstäben hinauf und hat einen freien Blick auf die Fassade mit den großzügig angelegten Galerien und Arkaden. Die einzelnen Baukörper bilden ein nach vorne offenes Karree, die Gebäudeteile sind klar und übersichtlich positioniert und moderne Strukturen lassen sich erkennen.

Verletzte und Fiebernde wurden hier schon im 12. Jh. versorgt. Die kleine Krankenstation hieß damals L'Hôpital du Saint-Esprit. Sie entwickelte und vergrößerte sich in den folgenden Jahrhunderten, wurde 1593 mit dem Hôpital Saint-Jacques de Galice zusammengelegt, bekam den Namen **Hôtel-Dieu** und war von nun an das **zentrale Krankenhaus der Stadt.**

Dank einer privaten Initiative der alteingesessenen Marseiller Familie Hardouin-Mansart begannen erste Umbauarbeiten, aber das jetzige Hôtel-Dieu mit seiner für die damalige Epoche typischen Krankenhausarchitektur entstand erst in den Jahren 1852 bis 1870. Der Hospitalbetrieb wurde 1993 beendet, die letzten

Kranken verlegte man in die modernen Häuser der Stadt. Zunächst blieben die Räumlichkeiten noch Ausbildungsstätte für Pflegekräfte, doch 2006 schloss das Hôtel-Dieu endgültig seine Tore.

In den historischen Räumen des Gebäudes ist heute das Hotel Inter-Continental Marseille untergebracht. Aus der „Herberge Gottes" ist eine „Herberge des begüterteren Volkes" geworden, aus dem Hôtel-Dieu ein *hôtel de luxe.* Wie tröstlich, dass die alte Krankenanstalt seit 1963 unter Denkmalschutz steht und das beeindruckende Zeugnis hospitaler Geschichte daher sehr behutsam behandelt werden muss.

› 6 Place Daviel

4 Eglise Notre-Dame-des-Accoules ★★ [E3]

Nicht ganz freiwillig ist die Eglise Notre-Dame-des-Accoules zum Unikum der historischen Kirchenszene von Marseille geworden, denn Turm und Kirchenschiff stehen voneinander getrennt. Auch ihre Geschichte besteht aus den für die Stadt so typischen drei Kapiteln Gründung, Zerstörung und Wiederaufbau.

Im 14. Jh. wurde auf den Grundmauern des Turmes Sauveterre (11. Jh.) der heutige Kirchturm aufgestellt. Daneben stand eine gotische Kapelle. Fast 800 Jahre lang war sie Gemeindekirche des Panier-Viertels, bis sie kurz nach der Französischen Revolution zerstört wurde. Anfang des 19. Jahrhunderts errichtete man auf dem Areal eine neue Kirche, die keinen baulichen Kontakt mehr zum Kampanile hatte. Getrennt voneinander stehend, gab es auch formal wenig Gemeinsames: hier der schlichte und wehrhafte Kirchturm mit dem hakenbewehrten Dach aus dem Mittelalter, da das Gebäude mit der runden Dachkuppel der Neoklassik. Eine Verbindung schafft nur der kleine Vorplatz mit dem verspielten **Steingarten** und den **Mauerresten der alten Kirche.** Die kleine **Madonnenstatue** in einem der Gewölbe erinnert an die Lourdes-Grotte – ein etwas magerer Ersatz für die Marienerscheinung. (Ende des 19. bis Anfang des 20. Jahrhunderts gab es in den römisch-katholischen Kirchen, auf Friedhöfen und in freier Natur eine wahre Schwemme von Nachbauten der Grotte des französischen Wallfahrtsortes Lourdes, an dem 1858 die Mutter Gottes wiederholt erschienen sein soll.)

Man betritt die Kirche durch eine schwere Holztür – nicht ohne die freundliche Begrüßung der goldenen

079ml Abb.: mb

Der Turm der Eglise Notre-Dame-des-Accoules

„Mutter Maria und Kind“ mit hineinzunehmen – und ist überrascht. Während draußen Stil- und religiöses Dekowirrwarr herrscht, ist drinnen **formale Strenge und Klarheit** angesagt. Der einzige Schmuck in dem kreisrunden Raum mit den umlaufenden Wandsäulen ist ein großflächig gemusterter Steinboden.

Wer sich von üppig gestreuten kirchlichen Insignien nicht ablenken lassen möchte, der hat hier den richtigen Platz zur Andacht gefunden. Wer dagegen lieber frömmelnd auf Wunder hofft, der sollte sich zur Madonnenstatue im Steingarten begeben – und warten. Wem beides noch nicht ausreicht, dem sei ein langer Blick in das strahlende Blau über Marseille empfohlen. Himmelsnähe wird garantiert.

› 10 Place Daviel,
Tel. +33 (0) 491905287

5 Place des Moulins ★ [E3]

Schmale Gassen führen hinauf zum höchsten Punkt des Panier-Viertels, dem Place des Moulins. **15 Windmühlen** standen hier oben in der Zeit vom 16. bis Mitte des 19. Jahrhunderts. (Don Quichotte hätte seine traurige Freude gehabt!) Man nutzte den guten Wind der nahen Berge, um feines Mehl zu mahlen, welches dann in den Patisserien des Quartiers zu Croissants und Baguettes verarbeitet wurde.

Heute gibt es nur wenige Überreste der historischen Mühlen. Zwei sind noch erkennbar: das Haus Nr. 46 und ein Gebäude am südlichen Platzende. Alle anderen sind verschwunden. Um den einladenden Place des Moulins herum stehen jetzt **gepflegte provenzalische Bürgerhäuser.** Die Fassaden sind in erdigen Farben gestrichen, an Fenstern und Balkonen hängen Blumenkästen. Platanen sind über die ganze Fläche verteilt und spenden flirrenden Schatten, ein Brunnen plätschert in der Mitte und Bänke laden zur Rast ein. Kinderstimmen aus der nahen Grundschule wetteifern mit Vogelgezwitscher und die Bewegungen der Kommenden und Gehenden spulen sich fast wie in Zeitlupe ab.

Abends spenden knorrige fünfarmige Standleuchten im Stile der Belle Epoche warmes Licht. Die Zeit scheint hier oben stehen geblieben und man kann das hektische Marseille für eine Weile abstreifen wie ein kratzendes Kleid. Wer auf dem *place* ein touristisches Spektakel er-

EXTRATIPP

La Chocolaterie Marseillaise

Vielfältig und verführerisch ist das Angebot von Michèle Leray, die mit ihren altüberlieferten Rezepten in die Welt feinster Schokolade einlädt. Im urigen Altstadtlädchen hat schon Jacques Chirac den süßen Verlockungen nicht widerstehen können, er verfiel den „noisettes salées à l'huile d'olive“. Der fruchtige Duft der feinen Spezialitäten ist aber auch wirklich himmlisch! Raffinierte Kompositionen wie der „lingot marseillais praliné“ oder ein „palais d'or“, aber auch die „feuilleté“ und eine „nougatine au lait“ sind einfach zum Dahinschmelzen!

113 [E3] **La Chocolaterie Marseillaise (1),** 47 Rue du Petit Puits, Tel. +33 (0) 664316294, Di.–Sa., ab und an auch So., 12–18 Uhr

114 [J2] **La Chocolaterie Marseillaise (2),** 160 Boulevard de la Libération, Tel. +33 (0) 484262711, Di.–Sa. 10–18 Uhr. Hier werden die edlen Süßigkeiten hergestellt und ebenfalls verkauft.

wartet hat, steht hier falsch, denn Cafés und Bistros sucht man vergebens. Sie würden auch die wohltuend ruhige Aura stören, die von diesem einzigartigen Dorfplatz mitten im Panier ausgeht.

› Aufstieg von der Rue Caisserie – klassisch und pittoresk – über die Montée des Accoules (links der Eglise Notre-Dame-des-Accoules), dann in die Rue des Moulins (zweite Straße rechts) oder – etwas verschwiegener – über die Montée du Saint-Esprit (rechts der Eglise Notre-Dame-des-Accoules), dann in die Traverse des Cartiers einbiegen.

Vom Armenhaus zum kulturellen Zentrum: die Vieille Charité

6 Vieille Charité ★★★ [E3]

Die Stadt Marseille beschloss im Jahre 1640, ein Armenhaus mitten im Panier-Viertel zu errichten. Vorausgegangen war ein königlicher Erlass zur „Isolierung von Bedürftigen". Zum einen reagierte man damit auf den stetig wachsenden Strom von Obdachlosen, die nach den Kriegswirren auf Schutz und Hilfe innerhalb der Stadtmauern hofften. Zum anderen hatte die Administration endlich die Möglichkeit, Stadtstreicher und Vagabunden zu kasernieren und das an einem Ort, wo Analphabeten lesen und schreiben und Bettler ein Handwerk erlernen konnten. Die Kirche, die bürgerliche Oberschicht und der Adel erhofften sich als Auftraggeber und Financiers des geplanten Hospizes durch diesen sozialen Kraftakt Seelenheil und himmlisches Lob.

Es vergingen noch 30 Jahre, ehe dem berühmten Marseiller Architekten **Pierre Puget** (1620–1694) die

Verantwortung für den Bau übertragen wurde. Selbst ein Kind dieses Viertels, begann er 1671 mit der Konstruktion der Vieille Charité, einer seiner schönsten Arbeiten. Tragisch, dass er die Fertigstellung seines Meisterwerkes im Jahre 1749 selber nicht mehr miterleben konnte.

Nach außen bildet der vierteilige Gebäudekomplex eine **geschlossene Einheit** und wirkt trotz der freundlichen, rosa-hellbraunen Farbe des Mauerwerkes eher streng und abweisend. Im Innern aber öffnet er sich weit durch seine umlaufenden Arkadenreihen über drei Etagen. Mitten im rechteckigen Innenhof steht eine prächtige **Barockkapelle** mit einer ellipsenförmigen Kuppel, ebenfalls aus der Feder von Puget. Die Fassade im neoklassizistischen Stil wurde erst 1863 vorgeblendet und symbolisiert mit ihrem Relief am Frontgiebel die wohltätige Aufgabe der Einrichtung: Pelikane mit prall gefüllten Schnäbeln verteilen Futter an hungrige Mäuler.

Nach der Revolution diente die Charité ein Jahrhundert lang als Kinder- und Altenheim, beherbergte danach französisches Militär und stellte zu guter Letzt Wohnraum für verarmte Familien zur Verfügung. Doch als soziale Einrichtung verlor sie mehr und mehr an Bedeutung. Sie verwahrloste und der Abriss drohte. Kein geringerer als Le Corbusier (s. S. 95) setzte sich für den Erhalt dieser städtebaulichen Kostbarkeit ein. 1951 wurde das Gelände unter Denkmalschutz gestellt, die Vieille Charité war gerettet. Es vergingen aber noch viele Jahre, bis die umfangreichen Renovierungsarbeiten aufgenommen und 1986 schließlich abgeschlossen wurden.

Heute wird das Gebäude als **interdisziplinäres Zentrum für Kultur und Wissenschaft** genutzt. Es beherbergt das Musée d'Arts Africains, Océaniens et Amérindiens (Museum für afrikanische, ozeanische und amerikanisch-indianische Kunst), das Musée d'Archéologie Méditerranéenne (Museum der Archäologie des Mittelmeerraumes) sowie das Centre International de Poésie de Marseille (Internationales Zentrum für Dichtung). Wechselnde Ausstellungen werden hier realisiert und ein Café mit ein paar Außentischen lädt zum Pausieren ein.

Die Vieille Charité war in den vergangenen Jahrhunderten Schauplatz vieler Elendsgeschichten, es wurde gedarbt und gelitten. Heute ist sie Treffpunkt der Kunstszene, hier wird fröhlich palavert und Kultur satt konsumiert. Das schwere Bettlergewand ist eingetauscht worden gegen leichten Chic. Doch nach wie vor erzählen die Mauern von Nächstenliebe und Wohltat. Man muss nur genau hinhören.

› 2 Rue de la Charité, Tel. +33 (0) 491145880, www.vieille-charite-marseille.org

7 Place de Lenche ★ [E3]

Um diesen griechischen Marktplatz herum hat sich Massalia, das heutige Marseille, entwickelt. La Place de Lenche ist somit der älteste Platz der Stadt. Grund genug, etwas genauer hinzuschauen.

Schon in der Gründungsphase durch die Phokäer war der Platz **Mittelpunkt** für alle ökonomischen, kulturellen und politischen Aktivitäten. Auch in der Epoche der Römer ging diese Bedeutung nicht verloren, zumal das Forum nach dem Verständnis antiker Städteplaner genau da lag, wo sich wichtige Planungskoordinaten kreuzten, im Zentrum. Vie-

KURZ & KNAPP

La Rue Beauregard [E3]

Das Besondere der Rue Beauregard liegt darin, dass die Straße eine Treppe ist. Sie verbindet die Rue de la Caisserie mit dem mittleren Teil des Montée des Accoules. Wer vor der Sanierung der 117 Stufen das charmante Treppchen bei Regen benutzte, bewegte sich auf höllisch glattem Parkett. Und so mancher Passant landete unsanft auf seinem Hinterteil. Man erzählt sich, dass vergnügte Gaffer aus den umliegenden Cafés Wetten über die Anzahl der Herunterpurzelnden abgeschlossen haben. Daher stammt womöglich auch ihr ursprünglicher Name „Rue de Romp' cul", Straße des gebrochenen – nein, nicht Herzens – Pos.

le weitere Jahrhunderte lang war der Place de Lenche der Nabel von Marseille.

Ein Name ist mit diesem Areal untrennbar verbunden, **Cassianus.** Der Mönch – im Zusammenhang mit der Basilique Saint-Victor ⓰ erwähnt – gründete hier im 5. Jh. das Nonnenkloster Saint-Sauveur. Dessen Glaubensschwestern verdanken wir eine skurrile Legende: Als die Sarazenen die Stadt überrannten, folgten die Frauen dem Beispiel ihrer Äbtissin Saint-Eusébie und verstümmelten sich ihre Gesichter, indem sie Nase und Lippen abtrennten. Nur so, glaubten sie, konnten sie die lüsternen Angreifer abschrecken. Es ist nicht überliefert, ob dieser Akt der Verzweiflung Erfolg hatte, auf jeden Fall aber sind die Nonnen dadurch „unsterblich" geworden.

Der letzte Namensgeber für den Platz war der schwerreiche Händler **Thomas Lenche.** Er gehörte zu einem Clan von Kaufleuten, die über lange Zeit diesen Teil des Quartiers dominierten. Man trieb schwunghaften Handel mit Korallen (Compagnie du Corail), baute pompöse Wohnhäuser, Werkstätten und ein prächtiges Hotel, in dem sogar Ludwig XIV. übernachtet haben soll.

Die umtriebigen „Lenches" sind verschwunden, der „Place" ist geblieben und seine wechselhafte und oft **blutige Vergangenheit** wirkt bis in die Neuzeit. Typen aus der Marseiller Unterwelt sollen sich hier gegenseitig massakriert haben und der große Schriftsteller Izzo hat ihn in seiner Gangster-Trilogie verewigt.

Heute wird der Platz gerne als pittoreske **Kulisse für Film- und Fernsehproduktionen** genutzt. Die ihn umgebenden Häuser sind eher schlicht, einziger Schmuck sind einige schmiedeeiserne Balkone und die bunten Plakate eines kleinen Theaters, ein paar Bäume und Straßenlaternen in der Mitte. In Cafés und Restaurants kann man nicht nur die mittäglichen Pausen zelebrieren, sondern auch den freien Blick auf den Vieux-Port ❶ und die Basilique Notre-Dame-de-la-Garde ⓭ genießen. Ein ruhiger, unaufdringlicher, sehr französischer Platz, der eine große Vergangenheit hat und noch viel Zukunft verdient.

Die Eglise Saint-Laurent ist eine schöne, mittelalterliche Seemannskirche

8 Eglise Saint-Laurent ★★ [D4]

Die Kirche Saint-Laurent steht auf der Anhöhe La Tourette, dem einzigen Rest des bis ins Jahr 1949 St.-Jean genannten Viertels. In diesem ältesten Teil der Stadt ließen sich 600 v. Chr. die Phokäer nieder. Hier begann also die Geschichte von Massalia, dem heutigen Marseille.

Bischof Babon hatte gegen 870 auf La Tourette erste Befestigungen zum Schutz von Massalia errichten lassen, doch erst im 12. Jh. entstand die Kirche Saint-Laurent im **romanisch-provenzalischen Stil**. Für den Bau der drei parallelen Kirchenschiffe und den für die damalige Zeit untypischen achteckigen Turm nahm man einfache rosafarbene Steinquader aus den nahen Brüchen von La Couronne.

Seeleute waren im Quartier St.-Jean zu Hause und machten Saint-Laurent zu **ihrer** Kirche. Sie ist damit die einzige Gemeindekirche aus dem Mittelalter, die der Stadt erhalten geblieben ist.

Dicht neben der *église* steht die Chapelle Saint-Catherine, die „kleine Schwester" von Saint-Laurent. 1604 von den weißen Bußmönchen errichtet, ist das spätgotische Kreuzgewölbe einzigartig in ganz Marseille. Beide Bauwerke wurden in den Revolutionskämpfen von 1789 verschont, erlitten jedoch 1943 bei der Zerstörung des Hafenviertels schwerste Beschädigungen. Ab 1950 wurden sie mühsam restauriert, doch bis heute ist noch immer keine ständige Nutzung der Gebäude möglich. Nur zu besonderen Anlässen finden Zeremonien, Konzerte und Messen statt.

Beim Eintritt durch das eher unscheinbare Portal der Eglise Saint-Laurent braucht das Auge ein wenig Zeit, um sich in dem diffusen Licht zu orientieren. Nur der schlichte Altar am Kopfende der Halle wärmt optisch und leuchtet orange-golden durch die von draußen einfallenden Sonnenstrahlen. Die Lichtführung in dieser Kirche wirkt wie klug komponiert. Auf dem dunklen Boden erkennt man eingelassene Steinplatten und nummerierte Grabdeckel. Auf den kühlen Wänden und kantigen Säulen fehlt jegliche Dekoration, alle klerikalen Insignien sind zurückhaltend und sparsam verteilt. Es herrscht eine ganz besondere Stimmung und man kann gut verstehen, dass **Fischer und Seemänner** nach Sturm und rauer See hier Ruhe und Kraft gefunden haben.

Die Kirche Saint-Laurent, die sich so wohltuend unaufgeregt, ja fast bescheiden präsentiert, ist eine der **schönsten in Marseille**. Benommen und fast ein wenig traurig steht man wieder in der gleißenden Helle vor dem Bau, doch der grandiose Blick auf die Stadt, die Forts und das glitzernde Meer versöhnt.

› Esplanade de la Tourette, geöffnet Di.–Sa. 14–18.30, Gottesdienst So. 10.30 Uhr, Eintritt frei

035ml Abb.: mb

9 Fort Saint-Jean ★★★ [D4]

Es wird vermutet, dass dieses geschichtsträchtige Plateau direkt am Meer bereits in der Antike besiedelt war. Erwähnt wurde es dann Ende des 12. Jahrhunderts, als die rührigen Johanniter hier ein Ordenshaus errichteten und ihm den Namen Saint-Jean gaben. 1423 drangen Katalanen vom Meer her in die ungeschützte Stadt ein und zerstörten den Standort. Nach der Vertreibung des Feindes ließ König René auf den Überresten des alten Baus einen gewaltigen viereckigen Wehrturm von 34 m Höhe, den Tour Saint-Jean bzw. Tour du Roi René, errichten. Er bestimmt neben dem 1644 aufgestellten Tour du Fanal, einem ehemaligen Leuchtturm, die heutige Silhouette.

Louis XIV. erkannte die abschreckende Wirkung und den militärischen Wert einer Festung direkt an der Einfahrt zum Hafen und befahl 1660 die **Konstruktion des Forts.** Bis 1668 waren die umfangreichen Bauarbeiten, geleitet vom Chevalier Louis-Nicolas de Clerville, abgeschlossen. Damit nicht genug: Marschall Vauban, des Königs genialer Festungsarchitekt, ließ einen breiten und tiefen Graben ausheben, um eine weitere Verteidigungslinie zu schaffen und die Wohngebiete der Stadt von den militärischen Anlagen zu trennen. 1844 wurde dieser Graben zu einem Kanal umgewandelt und schuf damit eine Verbindung zwischen dem Vieux-Port 1 und dem Hafenbecken Joliette. 1938 wurde der Wasserweg trockengelegt, aufgeschüttet und planiert und es entstand auf dieser Trasse eine der verkehrsreichsten Straßen der Stadt. In den Kämpfen des Zweiten Weltkrieges wurde das Fort stark beschädigt, später dann als wichtiges Symbol des wehrhaften Marseilles sorgfältig restauriert. Seit 1964 steht es unter Denkmalschutz.

Auf der gegenüberliegenden Seite liegt sein Pendant, das **Fort Saint-Nicolas**, das größtenteils vom Militär genutzt wird. Nur die Terrassen, von denen man einen weiten Blick auf die Stadt hat, sind über eine Treppe am Boulevard Charles-Livon zugänglich.

Beide Forts hatten natürlich die vorrangige Aufgabe, Marseille an der Wasserfront zu schützen. Doch gleichzeitig waren sie ein verhasstes **Symbol königlicher Präsenz und Macht**, denn ihre Kanonen waren drohend auf die Stadt gerichtet. Dadurch sollten die traditionell aufmüpfigen Einwohner kontrolliert und eingeschüchtert werden.

Die Festung Saint-Jean lässt sich komplett umrunden. Die beeindruckende Größe der Festungsanlage aber erkennt man am besten, wenn man sich ein bisschen Zeit nimmt und das Innere des Forts begeht. (Die permanenten Ausstellungen und der mediterrane Garten sind absolut sehenswert!) Hier oben ist es leicht, in das wehrhafte Mittelalter abzutauchen.

Wunderschön ist es, am Wasser entlang bis zur Einfahrtschneise der großen Schiffe zu gehen. Zurück bleiben das Fort und die lärmende Stadt, rechter Hand liegt der neue Hafen und vorne wartet das mit dem Horizont verschmelzende Meer. Hier gleiten ganz langsam und fast lautlos die riesigen Fähren nach Korsika und Nordafrika vorbei, nah genug, um ihnen noch ein paar sehnsüchtige Wünsche mit auf den Weg zu geben.

› Quai de la Tourette

Cathédrale de la Major – beeindruckender Kirchenkoloss am Meer

036ml Abb.: mb

10 Cathédrale de la Major ★★★ [D3]

Ein wenig deplatziert wirkt der gewaltige Kirchenkoloss zwischen Hafenkränen und Schnellstraße, aber der Standort und die nordsüdliche Ausrichtung wurden offensichtlich gewählt, damit diese Vorzeigekirche vom Meer aus gut sichtbar ist.

Der Bau einer neuen Kathedrale auf diesem Terrain war wegen des finanziellen Kraftaktes lange Zeit umstritten und es bedurfte der Beharrlichkeit des Bischofs **Eugène de Mazenod**, den damaligen Potentaten Napoléon III. von der Notwendigkeit eines weiteren großen Gotteshauses zu überzeugen. Bonaparte selbst legte am 26. September 1852 den Grundstein zur neuen Cathédrale de la Major, direkt neben der alten Kathedrale aus dem 11. Jahrhundert. Die Realisierung dieses Mammutprojektes im romanisch-byzantinischen Stil dauerte **vier Jahrzehnte.** Es wurde nacheinander von drei renommierten Architekten betreut: Léon Vaudoyer, Jacques-Henri Espérandieu und Henri Revoil. Leider wurden während der Bauphase Teile der alten Major **(Vieille Major)** zerstört und so ist heute von diesem schönen, romanischen Gotteshaus nur noch ein bedauernswerter Rest zu sehen.

Wenn man auf dem weiten Platz vor der Hafenkathedrale steht, ist Staunen angesagt. Das riesige Gebäude ist mit 145 m länger als der Kölner Dom. Ein waagerechter Arkadenstrang über dem **monumentalen Eingangsportal** verbindet die seitlichen Türme. In den Nischen hat man eine Jesusstatue, die Jünger und provenzalische Apostel aufgereiht, die von oben segnend die Ankommenden begrüßen. Ein freundlicher Empfang, man tritt gerne ein.

Der Blick in das **Innere** der Kathedrale ist überwältigend. Nicht nur wegen der atemberaubenden Dimension (die Hauptkuppel ist 70 m hoch und hat einen Durchmesser von knapp 18 m), sondern auch wegen der Fülle von Materialien und Stilelementen, die hier zusammengeführt wurden. Der ganze Raum ist quergestreift, helles Gestein wechselt sich mit dunklem ab. Rote Marmorsäulen, feine Mosaiken und aufwendig dekorierte Monolithe säumen die Gänge. Statuen von Heiligen und Kirchenfürsten begleiten den Weg ins Innere. Von der Decke herab hängen schmale Banner mit provenzalischen Wappen. Man wähnt sich weniger in einem Gotteshaus denn in einer mittelalterlichen Versammlungshalle. Wenn man die Augen schließt, hört man nicht Orgelspiel und Chorgesang, sondern den leisen Lärm von berstenden Lanzen, Pferdegewieher und Schwertkampf. Auch in dieser Kirche ist der **Altar**, obwohl am Kopfende der Halle aufgebaut, die **„emotionale" Mitte** des ganzen Gebäudes. Er ist aus mehrfarbigem Marmor gefertigt und hat eine kleine Kuppel aus Onyx und Kupfer. Ein Kirchlein in der Kirche ist dieses Altarobjekt, so als hätte man eine riesige Kathedralenhülle über ein byzantinisches Tempelchen gestülpt.

La Cathédrale de la Major gilt als eine der schönsten spätmittelalterlichen Kathedralen in Frankreich und beeindruckt nachhaltig. Und wenn man nach dem Besuch wieder über den Vorplatz geht, trifft man dort auf die Statue des **Monsignore de Belsunce**, der von 1709 bis 1755 Bischof von Marseille war. Während der Pest (1720) kümmerte er sich aufopfernd um die Menschen dieser Stadt, daher seine helfend geöffneten Arme mit den nach oben zeigenden Handflächen. Diese Geste wird von den Marseillern jedoch ganz anders interpretiert: „Ich bin untröstlich, ich habe keinen Cent mehr!" Wenn also jemand mit leeren Händen erscheint, dann kommt er, so sagt man hier, daher wie Belsunce.

› Place de la Major, geöffnet: Di.–So. 10–18 (Okt.–April) und 10–19 Uhr (Mai–Sept.), Eintritt frei

11 Docks de la Joliette ★★ [E1]

Es war die Zeit struktureller Veränderung und wirtschaftlichen Aufschwungs, als die Docks de la Joliette entstanden. Die Kapazität des Vieux-Port 1 reichte damals nicht mehr aus und ein größerer Hafen wurde dringend benötigt. Um den wachsenden Warenstrom aus aller Welt überhaupt bewältigen zu können, baute man in den Jahren 1858 bis 1863 **riesige Lagerhäuser**, 365 m lang und sechs Stockwerke hoch. Der zuständige Ingenieur Gustave Desplaces verwendete für die Konstruktion nur feuerfestes Material wie Ziegel, Naturstein und Gusseisen. Ein Komplex mit rustikalem Charme entstand und erinnert an vergleichbare Anlagen wie die Londoner Docklands und die Hamburger Speicherstadt.

Marseille entwickelte sich nicht zuletzt wegen der verbesserten strukturellen Voraussetzungen des neuen Hafens und durch die zunehmenden Warenströme aus den überseeischen Kolonien zu einer mediterranen Handelsmetropole. Aber in der zweiten Hälfte des 20. Jahrhunderts war die Zeit der großen Lagerhäuser vorbei. Waren wurden in Containern oder *just in time* verschickt, die Docks standen leer. Erst 1992 nahm sich der Architekt Eric Castaldi der verwaisten Speicher an und sanierte sie mit großer

Sensibilität. Die äußere Hülle blieb nahezu unverändert, das Innere wurde komplett entkernt. Es entstanden **Büros, Galerien, Restaurants und Cafés.** Die fünf Gebäudeteile sind durch hohe Innenhöfe voneinander getrennt, die den Elementen Erde, Wasser, Feuer und Luft zugeordnet werden. Das Licht auf den langen Fluren ist dezent und zurückhaltend, Farben wurden punktuell und nur sehr sparsam gesetzt. Die verschiedenen Materialien wie Metall, Stein und Holz sind mit sehr viel Gefühl komponiert: Aus dem dumpfen Lagerhaus ist ein hochmoderner, gleichwohl liebevoll restaurierter Büro- und Dienstleistungskomplex geworden. Monsieur Castaldi, *chapeau!*

Die Docks de la Joilette sind wichtiger Bestandteil des Jahrhundertkonzepts Euroméditerranée, das zum Zweck hat, aus dem Quartier La Joliette ein hypermodernes Geschäftsviertel zu machen. Die Fertigstellung der Docks ist einer der vielen Schritte in diese Richtung.

› Place de la Joliette, Metro oder Tram 2 bis Joliette

12 Rue de la République ★★ [F3]

Die zweite Hälfte des 19. Jahrhunderts hat das Gesicht von Marseille entscheidend verändert. Nie zuvor gab es in der Stadt derartig radikale Baumaßnahmen wie zu dieser Zeit des wirtschaftlichen Aufstiegs. Sie waren in ihrer Größenordnung nur vergleichbar mit der Entwicklung der Hauptstadt Paris. In dieser Epoche wurde die französische Maxime „liberté, égalité, fraternité" durch ein „größer, schöner, schneller" ersetzt. Das städtebauliche Wettrennen von damals ist noch heute an vielen Beispielen ablesbar, so auch an der Rue de la République.

Die konzeptionelle Vorgabe war es, eine **direkte** Verbindung zwischen dem Vieux-Port 1 und den modernen Hafenanlagen La Joliette zu schaffen, da die Verlagerung der wirtschaftlichen Aktivitäten hin zum neuen Port unverzichtbar war. Die Realisierung der Rue de la République, die zunächst als Referenz an Napoléon III. **Rue Impériale** genannt wurde, begann im Jahre 1862. Sie wurde erst durch ein Dekret möglich, das fast einer Enteignung gleichkam: Die Gebäude, die bei den anstehenden Aktivitäten im Wege standen, mussten den Behörden gegen eine kleine Entschädigung überlassen werden.

Für den Bau der 1300 m langen Straße wurden gewaltige Hügel abgetragen. Dieser einmalige Kraftakt wartete mit beeindruckenden Zahlen auf: In weniger als zwei Jahren schafften es 2500 Arbeiter, 38 Straßenzüge dem Erdboden gleichzumachen, 930 Häuser wurden abgerissen und 16.000 Menschen umgesiedelt. Stellenweise hatten die Seitenwände der 60 m breiten Schneise eine Höhe von 25 m. Um die 100.000 Kubikmeter Schutt wurden ins Meer abtransportiert.

Die Bebauung des schnurgeraden Boulevards vom Vieux-Port 1 über den prestigeträchtigen Place Sadi Carnot bis zum Place de la Joliette erfolgte nach den strukturellen Auflagen des **Barons Haussmann.** Wie auch bei der Modernisierung der französischen Hauptstadt hatten sich alle Gebäude den **strengen architektonischen Regeln** unterzuordnen. Es entstanden lange Häuserinseln mit immer gleichen Geschosshöhen und fortlaufenden Balkonen. Individuelle Fassadengestaltung gab es nur durch aufgesetzte Dekorationen wie Stuck, Säulen und Figuren. Die baumfreie und linear aufgebaute Straßenflucht verjüngte und verkürzte sich optisch, ein vom Architekten angestrebter Effekt. An vielen Kreuzungsecken sind die Fronthäuser abgerundet, abrupte vertikale Schnitte wurden so vermieden. Die einzelnen Geschosse der Häuser sollten Menschen **verschiedener Gesellschaftsschichten** beherbergen. So gab es unten Läden, darüber Räumlichkeiten für deren Besitzer, des Weiteren eine hochherrschaftliche zweite Etage und ganz oben Platz für das Dienstpersonal.

Trotz des Riesenaufwandes, der bei der Realisation der Rue de la République betrieben wurde, hat die Straße keine Karriere gemacht. Die Marseiller fühlten sich zu sehr an die großen Pariser Boulevards erinnert und empfanden den Kontrast zu ihrem geliebten, stadttypischen Panier-Viertel gleich nebenan als zu extrem. Als dann auch noch die Mieten drastisch erhöht wurden, war der wirtschaftliche Misserfolg des Straßenzuges programmiert. Wegen des unaufhörlichen Stroms der Lastwagen in den industriellen Norden der Stadt und der sich ausbreitenden Armut der Anwohner, wurde die Straße zunehmend von der Bourgeoisie gemieden und vegetierte viele Jahre vor sich hin.

Mitte der 1990er-Jahre nahm das Stadterneuerungsprojekt **Euroméditerranée** den heruntergewirtschafteten Boulevard unter seine finanziellen Fittiche. Die haussmannschen Fassaden wurden sorgfältig saniert, breite Bürgersteige angelegt, Bäume gepflanzt und solvente Mieter für die verwahrlosten Läden und Wohnungen gesucht. Die alte mittellose Anwohnerklientel war unerwünscht und musste dem Druck der Administration weichen: Der Armut und des Verfalls hässliche Maske sollte durch das strahlende Antlitz von Glamour und Profit ersetzt werden. Und „big brother Euroméditerranée" wird schon Obacht geben, dass das ehrgeizige Ziel, die Rue de la République zu *der* Konsum- und Einkaufsmeile aufzuhübschen, erreicht wird.

Wer auf diesem pariserischsten aller Boulevards ein wenig das eigentliche, typische Marseille vermisst, sollte am Hauseingang Nr. 51 in die **Passage de Lorette** abtauchen. Von Balkonen herabbaumelnde Wäsche und bröckelnder Putz der Häuserfassaden gehören hier inzwischen zwar auch der Vergangenheit an. Doch wenige Meter weiter, quer über den Hof die gegenüberliegende Treppe hinauf, steht man mitten im Quartier Panier – und ist zurück in Marseille.

037ml Abb.: mb

Ende 2013 sah es hier (fast) noch so aus, doch nun ist auch die Passage de Lorette auf Hochglanz poliert worden

038ml Abb.: mb

Südlich des Vieux-Port

⑬ Basilique Notre-Dame-de-la-Garde ★★★ [F6]

Es gibt kein Gebäude, mit dem sich die Marseiller so stark identifizieren und über das sie so liebevoll reden wie über die Basilique Notre-Dame-de-la-Garde. Sie gilt mit ihrem 60 m hohen Turm auf der höchsten Erhebung der Stadt (162 m) als Heiligtum und ist das Wahrzeichen von Marseille.

Die Geschichte der „Garde" begann, so steht es in den Annalen, Anfang des 13. Jahrhunderts, als ein Mönch des Klosters Saint-Victor auf dem Colline de la Garde eine **Kapelle** baute. Spätestens nach den ersten Kämpfen um die Stadt erkannte **François I.** – auch verantwortlich für die Bewehrung der Insel If – die strategische Bedeutung des Hügels und ließ das Plateau befestigen. Sein Signum, der Salamander, ist noch heute an der Nordwand zu sehen.

Auf Initiative des Bischofs Eugène de Mazenod wurde die Errichtung einer neuen Kirche in Angriff genommen, den Zuschlag bekam der junge Architekt **Jacques-Henri Espérandieu.** Was für ein Name für einen Kirchenerbauer: „espérer" bedeutet hoffen, „Dieu" bedeutet Gott. Espérandieu entschied sich bei seinem Entwurf für den **romanisch-byzantinischen Stil** und traf damit den Zeitgeist. Gleichzeitig sollte seine Kirche auf das neue Weltbild, die **Vermischung religiöser Philosophien**, aufmerksam machen. Wie auch bei der Cathédrale de la Major verwirklichte er dies durch den für den Orient typischen Wechsel von hellen und dunklen Mauersteinen. Die Grundsteinlegung für die Kirche war 1853, aber Geldmangel und Kompetenzgerangel verzögerten die

Höher gehts nimmer: die „Bonne Mère" auf dem Turm der Basilique Notre-Dame-de-la-Garde

070ml Abb.: mb

Fertigstellung bis über den Tod Espérandieus im Jahre 1874 hinaus. Der Architekt **Henri Revoil** führte die Arbeiten weiter und letzte Steinchen der prächtigen Mosaike in der Basilika wurden erst Ende des 19. Jahrhunderts gelegt.

Für die mächtige Stimme der Basilique Notre-Dame-de-la-Garde war der Glockenmeister Gédéon Morel zuständig. Er goss eine **acht Tonnen schwere Glocke,** die der Stadt bis heute die Kirchenstunde schlägt. Der absolute „Höhepunkt" aber ist die monströse **Statue der Heiligen Jungfrau,** die seit 1870 die Spitze des Turmes krönt. Sie ist aus vergoldetem Kupfer, 9796 kg schwer und über 11 m hoch. Allein der Handgelenksumfang des Jesukindes auf ihrem Arm beträgt 1,10 m. Wird sie in der Dunkelheit angestrahlt, gleißt ihre Metallhaut weit auf das Meer hinaus. Von den Marseillern liebevoll **„Bonne Mère"** („Gütige Mutter") genannt, soll sie auch heute noch die Ankommenden und die Aufbrechenden begleiten und beschützen.

Einige Relikte aus der Fortzeit sind heute noch immer zu sehen. So die rundum laufenden Festungsmauern, die Bastei auf dem erhöhten Felsplateau und eine hölzerne Zugbrücke, über die man die romanische, in den Fels gehauene Krypta erreichen kann. Ein mehrfarbiges Kruzifix aus dem 16. Jh. im Eingangsbereich dieser **Unterkirche** und die „Heilige Jungfrau mit dem Blumenstrauß" hinter dem Hauptaltar gehören zum sparsamen Schmuck des Raumes. Wenn man dagegen an den beiden Propheten Jesaja und Johannes vorbeigeht und durch die aufwendig vom Architekten Revoil gestaltete schwere Bronzetür in die **Oberkirche** (Basilika) eintritt, glaubt man sich in eine Mischkulisse von Klimt und Hundertwasser versetzt. Der nach Jerusalem ausgerichtete Chorraum glänzt verschwenderisch, der wuchtige Altarblock aus rotem Marmor trägt eine silberne Jungfrau von Jean-Baptiste Chanuel, an Wänden und Decke prangen Mosaike aus Gold und farbigem Marmor. Überall hängen kleine Gemälde, Votivbilder dankbar-gläubiger Seeleute und Bürger. Außerdem Schiffs- und Flugzeugmodelle wie bunte Fische in einem innen vergoldeten Räucherofen. Die älteste Votivtafel ist fast 200 Jahre alt, die kostbarste die Fahne von Général de Monsabert.

Überall ist Dankbarkeit für Rettung aus Havarie und persönlicher Not verwoben mit tiefem Glauben und der Bitte um weiteren Schutz erkennbar. Beispielhaft dargestellt in der Außenskulptur von Louis Botinelly „Véronique essuyant les larmes du Christ" („Véronique trocknet die Tränen Christi"). Trotzdem ist die wechselhafte Geschichte von Marseille nicht vergessen. Ein demolierter französischer

Panzer auf einem Platz unterhalb der Basilika mahnt zur Erinnerung an die heftigen Kämpfe zum Ende des Zweiten Weltkrieges.

Bevor man sich von der „Bonne Mère" verabschiedet (wie schön wäre es jetzt, wenn es die 1967 demontierte Seilbahn noch gäbe, die 75 Jahre lang den Höhenunterschied von 84 m zwischen Stadt und Kirche in wenigen Minuten bewältigt hatte), sollte man noch einmal die Bastei erklimmen und sich etwas Zeit für den grandiosen Rundumblick auf Marseille nehmen. Und dann sollte man die Arme ausbreiten und in Gedanken hinunterschweben über die Dächer von Marseille hinweg und abtauchen in das leuchtende Blau des mit dem Horizont verschmelzenden Meeres.

› www.notredamedelagarde.com, Tel. +33 (0) 491134080, geöffnet: Basilika und Krypta täglich 7–18.15 Uhr (Führungen werden angeboten), Zutritt zum Gelände bis 19 Uhr, Eintritt frei. Restaurant und Cafeteria L'Eau Vive (von Ordensschwestern geführt) tägl. außer montags 8–17.30 Uhr, Tel. +33 (0) 491378662. **Anfahrt:** vom Vieux-Port ❶ mit der **Buslinie 60** bis zur Escalier Notre-Dame, Aufstieg über die Haupttreppe oder mit der **Bimmelbahn** Petit Train de la Bonne Mère, Abfahrt: 174 Quai du Port (150 m vom Rathaus Richtung Fort Saint-Jean entfernt). **Auto:** Boulevard Tellène bis zum kleinen Parkplatz links nach den Kurven. Von hier aus zu Fuß 245 Stufen über den Montée Commandant René Valentin hoch zur „Bonne Mère".

Das Innere der Basilique Notre-Dame-de-la-Garde hinterlässt einen glänzenden Eindruck

⓮ Grande Synagoge ★ [G6]

Die jüdische Gemeinde in Marseille hat mittlerweile mehr als 70.000 Mitglieder und die Grande Synagoge ist eines ihrer religiösen Zentren. Diese älteste Synagoge der Stadt wurde 1864 von dem Architekten Salomon Nathan konstruiert. Wie bei vielen anderen schönen Bauten, die während dieser Epoche in Marseille entstanden sind, wurden **romanisch-byzantinische Stilelemente** verwendet.

Die **Fassade** ist klar und aufgeräumt gezeichnet. Das hohe Rundbogenportal hat sein formales Pendant in der großen und trotzdem filigranen Rosette unterhalb des stumpfen Giebels. Ähnliche Strukturen findet man in minimalistischer Wiederholung auf den Fronten der beiden Nebentrakte. Das Mauerwerk und alle Steinmetzarbeiten sind akkurat renoviert und liebevoll gepflegt.

Das **Innere** der Synagoge ist ein ausgesprochen harmonisch komponierter Raum. Morgen- und Abendland treffen sich hier und kommen bestens miteinander aus. Von der Decke hängen schwere Lüster herab. Die monumentale Orgel korrespondiert mit dem schlichten Altar und dunkles Gestühl mit polierten Silber- und Bronzeleuchtern. Bücher liegen herum und es gibt ruhige Höhlen, in die man sich zum Meditieren zurückziehen kann.

Über eine Treppe gelangt man in den **Innenhof** und steht plötzlich vor der „Mauer der Namen": Tafeln mit unzähligen Daten ermordeter Juden – berührend.

› 117–119 Rue Breteuil, Metro bis Estrangin-Préfecture, geöffnet: Mo.–Do. 8.30–12.30, 14–18 Uhr, Fr./So. 8.30–12.30 Uhr, www.consistoiredemarseille.com. Führungen werden angeboten, Auskunft unter Tel. +33 (0) 491374964.

15 Palais de Justice ★ [F5]

Marseille wurde lange mit Drogenhandel und organisiertem Verbrechen in Verbindung gebracht, doch in den vergangenen Jahren ist eine „fast normale" Metropole entstanden. Die positive Entwicklung liegt sicher auch an der hart durchgreifenden Judikative im pompösen Palais de Justice (Justizpalast).

In der zweiten Hälfte des 19. Jahrhunderts, just zu der Zeit, in der viele große Verwaltungsgebäude in der Stadt entstanden, ließ der renommierte Architekt Auguste Martin den Justizpalast im Stil des **Neoklassizismus** errichten. Dieser Bau symbolisiert beispielhaft das Zusammenspiel von guter Tradition und neuen Erkenntnissen, auf dem auch eine erfolgreiche Judikative fußen sollte.

Vor der breiten Fassade mit dem Ehrfurcht gebietenden Säulenportal und obligatorischer Justitia im Giebel, erstreckt sich der großzügig und mit leichter Hand angelegte **Place Monthyon.** Goldig glänzende Putten tanzen in flachen Wasserbecken ihren Reigen, eine Fontäne glitzert im Sonnenlicht, ein paar Bänke und Rasenflecken laden zur Rast ein. Ein kleiner Markt mit Blumen, Gemüse und Obst ist aufgebaut und Snacks gibt es an der Ecke. Eine Stärkung vor der Verhandlung gefällig?

Linker Hand, an der Rue Emile Pollak (ehemals Rue Fortia), schließt das **Handelsgericht** (Tribunal de Commerce) an. Als sinnvolle Ergänzung zum Palais de Justice wurde es von Gaston Castel im Jahre 1933 realisiert. Auch hier wird die Gebäudefront von einer Säulenformation be-

Hier wird Recht gesprochen: der Palais de Justice

herrscht und ist oben mit einem schönen Relief verbunden.

Einen absolut verblüffenden Kontrapunkt setzt das an diesen Bau angrenzende **Landgericht** (Tribunal de Grande Instance) aus dem Jahre 1987. Mit seiner glatten und durchgehend verglasten Fassade steht es da wie ein riesiges Aquarium. Es vermittelt, ganz anders als die schweren Hauptgebäude, Behördentransparenz und Modernität.

Drei Gerichtsgebäude in sehr unterschiedlichen Roben. Gut zu wissen, wo in Marseille das Recht wohnt und verkündet wird. Im Namen des Volkes.

› 6 Place Montyon

KLEINE PAUSE

Kiezkneipe auf Französisch

Im Le Sampolo kann man ungestört in der „la Marseillaise" blättern, einen „grand crème" schlürfen oder ein Sandwich ordern. Der Rentner trifft auf den Olympique-Marseille-Fan, der Müllwagenfahrer den Banker. Hier findet alters- und klassenloser Smalltalk zwischen TV, Vereinsbildern und der unvermeidlichen Pastisreklame statt. Touristenfreie Zone, garantiert!

115 [D5] **Le Sampolo** €, 14 Avenue de la Corse, Tel. +33 (0) 491330847, geöffnet: tägl. 6–22 Uhr

16 Basilique Saint-Victor ★★★ [E5]

Die lange Geschichte der Basilique Saint-Victor, der ältesten Kirche von Marseille, beginnt im 5. Jh., als Procolus, der damalige Bischof der Stadt, den Mönch Cassianus beauftragte, am Südufer des Lacydon ein Kloster zu bauen. Die heute sichtbare Kirche wurde über den Resten der (von Cassianus erbauten) Abtei, der heutigen Krypta, errichtet. Die Gebeine christlicher Märtyrer, die ehemals in der Felsenhöhle eines nahen Steinbruchs verscharrt worden waren, fanden hier ihre letzte Ruhestätte. So auch Victor von Marseille, der der Legende nach im 4. Jh. wegen seines Festhaltens am christlichen Glauben von Schergen der römischen Kaiser Diokletian und Maximian zwischen zwei Mahlsteinen massakriert wurde und Namensgeber der Basilika ist. Die Art seiner Hinrichtung machte ihn zum Schutzpatron der Müller.

Für die Basilique Saint-Victor begann eine wahrlich **wechselhafte Karriere:** von einer frommen Mönchsenklave zum klerikalen Schutzraum, vom antiken Heiligtum zur Bischofsresidenz, vom Gefängnis zum wehrhaften Bestandteil der Hafenbefestigung, von einer christlichen Großkirche und langjährigen Heimat des Benediktinerordens zum Zentrum des Katholizismus. Das heutige Gotteshaus (romanisch-provenzalisch) entstand vom 12. bis zum 13. Jahrhundert.

Das Kultusministerium und die Stadt Marseille erkannten erst spät die **historische Bedeutung** von Saint-Victor. Im Jahre 1963 begannen umfangreiche Renovierungsarbeiten, 1997 wurde die Kirche in die Liste der „Monuments historiques" aufgenommen und findet so ihre verdiente Würdigung.

Man öffnet eine eher unscheinbare Holztür, geht an einer kleinen Kapelle vorbei und tritt in die **imposante Basilika** ein. Zwiespältig sind die Gefühle, die dieser Raum auslöst. Klein, ja fast hilflos und voller Ehrfurcht steht man vor den wuchtigen Wänden, Bögen und Gewölben, fühlt sich ausgeliefert und fast erdrückt von der Geschich-

te. Doch gleichzeitig ist Kraft und beschützende Stärke dieser „Festungshalle" zu spüren.

Nur 35 Stufen steigt man in die **Krypta** hinab, bei ihrem Erreichen sind viele Jahrhunderte vom späten Mittelalter bis zurück in die Frühzeit des Christentums übersprungen. Wertvolle archäologische Zeugnisse der schweren „Geburt" von Saint-Victor liegen hier unten. Neben Sarkophagen, steinernen Inschriften und dem „Tombe des deux Martyrs" steht die „Notre-Dame-de-la-Confession", auch **„Schwarze Jungfrau"** genannt. Diese marianische Holzfigur im dunkelgrünen Kleid aus dem 18. Jh. hält ihren ganz in Gold gekleideten Sohn im Arm. Ihnen zu Ehren findet an Mariä Lichtmess eine feierliche Prozession statt, bei der auch die frühere Klosterbäckerei Four des Navettes (136 Rue Sainte) gesegnet wird. Natürlich muss man sich am Ende der Zeremonie mit dem Verzehr von ein paar Navettes belohnen.

Draußen auf dem Vorplatz, die trutzigen Türme der Basilika im Rücken, hat man einen herrlichen Blick über Hafen und Stadt. Ein tiefer Atemzug mit frischer Meeresluft tut jetzt gut, die Gegenwart hat uns wieder.

› 3 Rue Abbaye, geöffnet: tägl. 9–19 Uhr, Eintritt: Kirche frei, Krypta 2 €

Die Basilique Saint-Victor mit ihren trutzigen Wehrtürmen

Das Palais du Pharo, hochherrschaftlicher Prunkbau von Napoléon III., dessen Wunsch nach Zweisamkeit am Mittelmeer mit seiner Eugénie von der Zeit überholt wurde. Bewohnt hat er das Palais nie.

17 Palais du Pharo ★★ [C4]

Ein prachtvoller Bau mit einem großzügigen Park, den Napoléon III. seiner geliebten Eugénie zum Geschenk machte! So romantisch wie der **einmalige Ausblick** auf den Vieux-Port 1, das Fort Saint-Jean 9 und die blaue Küste ist auch die Geschichte des **herrschaftlichen Palais** auf der Landzunge am Eingang zum Port.

Bei seinem Besuch in Marseille 1852 hatte Napoléon III. entschieden, einen pompösen Wohnsitz direkt am Meer errichten zu lassen. Er soll sich eine „Bleibe mit den Füßen im Wasser" gewünscht haben. Die Stadt Marseille überließ dem zweiten und letzten französischen Kaiser das passende Areal und die Grundsteinlegung erfolgte sechs Jahre später. Doch bei der Fertigstellung 1870 tobte in Europa der deutsch-französische Krieg und das Kaiserreich verlor seinen Platz an die Dritte Republik. Charles-Louis-Napoléon Bonaparte und Eugénie de Montijo haben selbst niemals im Kaiserpalast gewohnt und als Napoléon im Jahre 1873 starb, schenkte Eugénie den Palais du Pharo der Stadt Marseille.

Benannt ist der Bau nach der Bucht vor dem Anwesen, früher „Pharo" genannt, heute meint die Bezeichnung die Landzunge selbst.

Das Gebäude mit seinen zwei Flügeln wird heute als **Kongresszentrum** genutzt und beherbergt verschiedene **städtische Dienststellen.** Das Anwesen zählt durch seine exponierte Lage zu den schönsten in ganz Europa.

› **Parkanlage Jardin Emile-Duclaux,** 58 Boulevard Charles-Livon, Buslinie 83, Haltestelle Fort Saint-Nicolas, http://palaisdupharo.marseille.fr, tägl. 7–21 Uhr, Im Sommer bis 22 Uhr, Eintritt frei

007ml Abb.: mb

18 La Criée, Théâtre National de Marseille ★ [E4]

Bis zum Jahr 1975 war das Nationaltheater von Marseille noch das „Criée libre aux poissons", eine lärmende und quirlige Fischauktionshalle. Tag für Tag wurde Fisch „an den Mann geschrien" und echte Figuren des Marseiller Hafenlebens führten ihr ritualisiertes Verkaufstheater auf. Danach wurde die ganze Szenerie in den neuen Fischereihafen Saumaty im Norden der Stadt verlegt und das **La Criée, Théâtre National de Marseille** übernahm 1981 das frei gewordene Gebäude am Vieux-Port 1.

Der Architekt und Szenograf **Bernard Guillaumot** war für die Renovierung des Gebäudes verantwortlich. Er ließ die alte Fassade unverändert bestehen, veranlasste aber im Inneren umfangreiche Umbauarbeiten . Das Nationaltheater mit seinen beiden großen Sälen (allein im Hauptsaal stehen knapp 800 Plätze zur Verfügung), dem professionellen Ensemble und der modernen Programmgestaltung ist heute eines der angesehensten Theater in ganz Frankreich. Es verdankt seinen hervorragenden Ruf auch der kreativen

Arbeit des Regisseurs und Künstlers **Marcel Maréchal**, der das Criée von 1981 bis 1994 leitete.

Das Theater spiegelt den bemerkenswerten Aufschwung künstlerischen Lebens in dieser Stadt wider und hat sich ein breites Publikum erobert. Natürlich wird heute anders getanzt, gesungen und „geschrien" als damals im alten Criée und natürlich sind Produkt und Zielgruppe eine andere, doch nach wie vor wird in diesen Räumen, die so viel Hafentradition atmen, professionell und emotional und auf höchstem künstlerischen Niveau „Leben gespielt".

› 30 Quai de Rive Neuve, Tel. +33 (0) 496178000, Reservierungen unter Tel. +33 (0) 491547054, www.theatre-lacriee.com, geöffnet: Di.–Sa. 12–18 Uhr

KLEINE PAUSE

Historische Teestube

Les Arcenaulx ist ein wunderschöner „salon de thé" im ehemaligen königlichen Galeerenarsenal. Vor dem Genuss von köstlichem Kuchen und duftendem Tee kann man durch eine gut sortierte Buchhandlung mit angegliedertem Antiquariat stöbern. Dunkle Balken, nacktes Mauerwerk, seidengedeckte Tische und gedämpftes Licht ergänzen sich zu einer Sinne schmeichelnden Atmosphäre.

116 [F4] **Les Arcenaulx,** 25 Cours Honoré-d'Estienne-d'Orves, Tel. +33 (0) 491598030, www.les-arcenaulx.com, geöffnet: täglich außer So. 14–20 Uhr

19 Cours Honoré-d'Estienne-d'Orves ★★ [F4]

Wenn man jemanden nach der Historie dieses Platzes befragt, bekommt man sehr unterschiedliche Antworten. Alles Mögliche wird vermutet und beschrieben, nur nicht seine wahre Geschichte. Schwer vorstellbar, aber ein **Kanal** (!) zog sich vom Cours Honoré-d'Estienne-d'Orves über den heutigen **Cours Jean-Ballard** und über den **Place des Huiles** bis zum **Vieux-Port** 1. An seinen Ufern lagen **Werften,** in denen kleine Kriegsschiffe und Ruderbarken auf Kiel gelegt wurden. Anstelle von festem Pflaster gluckste dunkles Hafenwasser und statt Gläserklirren und Kinderlachen waren Hämmer und Sägen und dazwischen derbe Flüche zu hören. Ab 1781 wurde das ganze Gelände von der Stadt Marseille verwaltet, aus den Docks wurden Liegeplätze für Fischerboote, die Arsenale nutzte man als Handelshäuser. Im Jahre 1927 wurde das Kanalbecken letztendlich zugeschüttet.

Der Stadtplaner **Charlie Bové** hauchte ab 1987 der zwischenzeitlich als Parkplatz genutzten Fläche neues Leben ein. Heute ist der Platz eine der angesagten Esplanaden im Zentrum von Marseille und profitiert dabei natürlich auch von der Nähe zum Vieux-Port 1. In den Häusern mit ihren hohen und strengen Fassaden haben sich **Restaurants, Ateliers und Galerien** eingerichtet. Tische und Stühle vor den Läden sind meistens besetzt, es wird musiziert und aufgeführt und Stimmengewirr hängt wie eine Glocke über der Szenerie. Vom Hafen her hört man das Tuten der Schiffe, Möwen schreien und finden ihre formale Würdigung in den nach ihnen gestalteten Laternenköpfen. Alles ist in sanfter Bewegung und es ist ganz leicht, seine mediterrane Seele baumeln zu lassen.

Le Cours Honoré-d'Estienne-d'Orves, benannt nach einem französischen Marineoffizier, ist ein sehr italienischer Platz in Marseille. Dolcefarniente trifft Savoir-vivre.

20 Canebière ★★ [F4]

Der Name Canebière kommt vom provenzalischen Wort „canebe“ und bedeutet „Hanf“. Es ist nicht mehr zu klären, ob die Pflanze tatsächlich in diesem Viertel angebaut wurde oder ob die Zunft der Seiler hier nur Schiffstaue aus eben diesem Material herstellte und lagerte. Vor etwa 150 Jahren war die Canebière ein Hort der eleganten Kommunikation und der „art de vivre“ (Lebenskunst). In den zahlreichen Kaffeestuben wurde rund um die Uhr parliert und selbstdargestellt. Heute sind die Straßencafés verschwunden und statt der Flaneure aus aller Welt eilen hektische Menschen mit Handys und Hamburgern vorüber. Der Niveausturz geht einher mit der eher fragwürdigen „Aufgabe“ der Straße als Demarkationslinie, die den wohlhabenden Süden vom armen Norden trennt und somit die soziale Kluft im Marseille dieser Tage sichtbar macht.

Berühmte Boulevards haben ihre Geschichte. Die Canebière hat derer drei. Das **erste Teilstück** der Straße reichte vom Vieux-Port 1 bis zum Cours Saint-Louis und lag somit genau an der Stelle, wo sich ehemals ein Sumpf erstreckte. Mit einer Länge von weniger als 250 m und der erstaunlichen Breite von 30 m war sie mehr ein rechteckiger Platz als eine Straße (vergleichbar mit dem Cours Honoré-d'Estienne-d'Orves 19), zumal ein großes Galeerenarsenal den Durchgang zum Hafen versperrte. Erst viel später, nach Abriss des Arsenals im Jahre 1785, gab es eine Öffnung und damit die Verlängerung der Canebière bis zum Hafenbecken.

Eine **erste Beachtung** erfuhr die Straße 1666 in der Regierungszeit von Ludwig XIV. Sie spielte in seinen

041ml Abb.: mb

umfangreichen Stadterweiterungsplänen eine wichtige Rolle und gewann dadurch zunehmend an Bedeutung. Ihre **Blüte** aber erlebte sie in der Zeit des Zweiten Kaiserreichs und während Frankreichs Aufstieg zur Kolonialmacht. Die ganze Stadt war eine Großbaustelle, elegante Straßen und Plätze wurden angelegt, hochherrschaftliche Häuser und üppige Palais errichtet. Im Sog dieses Booms entwickelte sich auch die Canebière prächtig, ihr Name wurde zum Markenzeichen für Weltoffenheit, Eleganz und Reichtum der Hafenstadt Marseille.

Der **zweite Abschnitt**, die ehemalige – und wesentlich schmalere – Rue Noailles, zog sich bis zum Boulevard Garibaldi hin. Auch dieses Areal profitierte von den ehrgeizigen Stadtvisionen des Sonnenkönigs, Adel und Großbürgertum fanden hier lange Zeit ihr standesgemäßes Zuhause. Doch die rasant zunehmenden Handelsaktivitäten reduzierten das gesellschaftliche Ansehen dieser Straße auf das eines normalen, gleichwohl wichtigen Verkehrsweges und ihr elitäres Flair verflog. Im Jahre 1860 wurde die Verbreiterung der Rue Noailles auf 30 m beschlossen. Viele schöne und wertige Gebäude aus dem 17. Jh. fielen dieser Maßnahme zum Opfer.

Ideen zur Gestaltung des **dritten Segmentes** hatte es bereits 1666 gegeben: Vom Boulevard Dugommier bis zum Square Stalingrad, dem Kopfstück der heutigen Canebière, sollte eine öffentliche Promenade entstehen. Doch erst 1775 wurden die Allées de Meilhan, auf denen fortan ein reges Vorstadtleben pulsierte, realisiert.

Die **drei Straßenstücke** mit ihren sehr unterschiedlichen Strukturen und Aufgaben wurden mit den Jahren zu einem 1000 m langen Boulevard. **1928** auf den gemeinsamen Namen Canebière getauft, bildeten sie von nun an das Rückgrat des Stadtkorpus.

Wer von der Canebière einen großen Auftritt wie den der Champs-Elysées oder einer anderen berühmten Straße erwartet, wird enttäuscht sein. Sie ist heute eine zwar üppig dimensionierte, doch sehr **normale Geschäftsstraße** mit Kaufhäusern, Büros und Fast-Food-Läden. Zu den wenigen architektonischen Highlights gehören das Gebäude Nr. 53, L'ancien Hôtel du Louvre et de la Paix (das heutige C&A), mit schönen Karyatiden an der Fassade, das Hôtel Noailles (Nr. 62), das ehemalige Grand Hotel (Nr. 66/68, jetziges Kommissariat) und das Palais de la Bourse 25, alles typische Stadtpalais, gebaut zwischen 1860 und 1865.

Die Vita dieser Straße ist vergleichbar mit Aufstieg und Fall des Kurfürstendammes in Berlin. Hier wie dort wird versucht, die Sünden der Vergangenheit zu korrigieren. So will die Stadt Marseille der Canebière mit einem städtebaulichen Strukturprogramm zu neuer Entfaltung verhelfen, damit sie wieder, wie in ihren besten Jahren, mehr wird als eine verkehrsreiche Kaufschneise im Zentrum.

Nördlich der Canebière

21 Palais Longchamp ★★ [J2]

Direkt am Wasser gebaut und doch oft ohne: **Trinkwasser** war immer schon ein kostbares Gut in der Hafenstadt Marseille. Zu einer dramatischen Situation kam es im Jahre 1834, als nach einer extremen Trockenperiode eine Choleraepidemie ausbrach. Spätestens jetzt musste ein Plan her, der eine ausreichende und vor allem kontinuierliche Versorgung mit der lebenswichtigen Ressource sicherstellte.

Der damalige Bürgermeister Consolat entschied sich für das kühne Projekt des jungen Ingenieurs **Franz Mayor de Montricher** (1810–1858), Wasser mithilfe eines etwa **85 km langen Kanals** aus dem fernen Fluss Durance in die Stadt zu leiten. Die Arbeiten begannen 1839 und das Ergebnis präsentierte sich als bautechnische Großtat: Tunnel durch unzählige Hügel mussten für die Wasserläufe geschaffen werden und 18 Aquädukte wurden errichtet, um die Täler zwischen dem Fluss und dem Stadtrand von Marseille zu überbrücken. Rom lässt grüßen. Zehn Jahre nach Baubeginn war es vollbrachtt und das erste Durance-Wasser sprudelte am Plateau Longchamp.

Die Inbetriebnahme des Wasserwerkes wurde durch den Bau des pompösen **Palais Longchamp** (1862–1869) geadelt. Der Architekt Jacques-Henri Espérandieu, verantwortlich auch für die Basilique Notre-Dame-de-la-Garde 13, vereinte in diesem Gebäude mehrere Stile zu einem unverkennbaren Produkt des Eklektizismus. Löwen und Tiger, Skulpturen des Bildhauers Antoine Louis Barye, bewachen den Eingang zum köstlichen Nass. Die beiden Flü-

042ml Abb.: mb

gel der **schlossähnlichen Anlage** sind durch Kolonnaden miteinander verbunden. Der große Brunnen von Jules Cavelier, geschmückt mit steinernen Reben, Ähren und Stieren der Camargue sowie die ausladenden Treppen bilden eine beeindruckende Kulisse und feiern die „Ankunft" der Durance. Das Wasser symbolisiert Fülle und Fruchtbarkeit und ist allgegenwärtig.

Das Palais beherbergt im Südflügel das **Musée d'Histoire Naturelle** (Naturhistorisches Museum) und im Nordflügel das Musée des Beaux-Arts (Museum der Schönen Künste, s. S. 36). Das alte Wasserwerk ist längst stillgelegt.

Hinter dem Palais erstreckt sich ein gepflegter **Park.** Hier über den Dächern des lärmenden Marseille lässt es sich im Schatten unterschiedlichster Baumarten wie der Kaukasischen Zelkove, dem Westlichen Zürgelbaum, der Flaumeiche oder der Atlas-Zeder trefflich bummeln.

Eine kleine Stärkung wird an der **Buvette du Palais Longchamp** serviert, die freundliche Pascal bietet seit über 30 Jahren Getränke und einfache Snacks feil. Sie kann sich noch sehr gut an die Zeit erinnern, als dem Park ein zoologischer Garten angeschlossen war. Obwohl es in der direkten Nachbarschaft noch immer den Place du Jardin Zoologique, den Boulevard du Jardin Zoologique und ein Théâtre de la Girafe gibt, sind die Tiere längst verschwunden. Die Besucher des Parks können sich bei einem Glas Wasser nur noch selbst betrachten. Kann ja auch ganz vergnüglich sein.

› Boulevard Longchamp, Metro bis Cinq Avenue Longchamp oder Tram bis Longchamp. Öffnungszeiten des Parks: 8–19.45 Uhr (jahreszeitenabhängig). Buvette du Palais Longchamp, geöffnet Mo.–Do. 11.30–18, Sa., So. und feiertags 13–18 Uhr, Dez. und Jan. geschlossen

Seit 150 Jahre gibt es am Palais Longchamp frisches Wasser

043ml Abb.: mb

㉒ Gare Saint-Charles ★★ [H2]

Die erste Eisenbahnlinie Marseilles sollte über Arles nach Avignon führen. Die Trasse war 122 km lang und hatte schwieriges Terrain zu überwinden. Die Hügelkette Nerthe nördlich von Marseille stellte ein ernsthaftes Hindernis dar. Ein Tunnel wurde gebaut, der mit 4638 m lange Zeit der längste Eisenbahntunnel Europas blieb. Der stolze Ingenieur Paulin Talabot ließ es sich nach seiner planerischen Meisterleistung nicht nehmen, am 21. Januar 1848 selber den ersten Zug bis Arles zu fahren.

Die Reise begann am Kopfbahnhof Saint-Charles auf dem gleichnamigen Plateau mitten in der Stadt. Der Bau des Architekten Reynaud, eingeweiht am 8. Januar 1848, wirkt heute fast wie ein XXL-Bierzelt, nur dass Seitenwände und Dach nicht aus Textilem, sondern aus einer **verglasten** und erstaunlich **filigranen Metallkonstruktion** bestehen. Ein ganz im Stile der damaligen Epoche errichteter, schlichter und funktioneller Großbahnhof.

Eine besondere Aufwertung erfuhr der Gare Saint-Charles Anfang des 20. Jahrhunderts. Die Architekten Sénès und Arnal schufen eine monumentale **Zugangstreppe** hinauf zum Bahnhofsvorplatz: beeindruckende 15,5 m breit, mehr als 100 Stufen hoch, mit sieben Absätzen zum Verschnaufen und mit einer faszinierenden Aussicht auf die pulsierende Metropole. Als die Treppe 1927 feierlich vom Präsidenten der Republik, Gaston Doumergue, eingeweiht wurde, konnten die geladenen Gäste ein üppig dekoriertes Bauwerk bestaunen. Renommierte Bildhauer und Steinmetze der Stadt wie die Herren Carli, Botinelly, Martin, Bitter und Raynaud haben sich hier verewigt. Am Treppenrand sind etliche Statuen und Figurengruppen aus grün patiniertem Metall und sandhellem Gestein aufgereiht. Frankreichs Handel und industrielle Entwicklung, die reichen Kolonien, Marseille als Tor nach Afrika und Asien, die Fischerei, die Jagd und eine gute Ernte, alles ist symbolträchtig bebildert worden.

Die neue **Bahnhofshalle Honnorat**, nach einem ehemaligen Bürgermeister benannt und 2007 eingeweiht, bildet mit ihrer plakativen Modernität den absoluten Kontrast zum historischen Gebäude. Trotzdem ist es wunderbar gelungen, eine formale Harmonie zwischen alter und neuer Bausubstanz zu schaffen. Die Halle Honnorat und der alte Bahnhofstrakt bilden einen rechten Winkel und schaffen Raum für ergänzendes Miteinander von Bus und Bahn. Gelungen ist auch das Innere der lichtdurchfluteten Halle. Man wähnt sich auf einer langen *avenue*, rechts und links mit Läden und Bistros, sogar die obligatorischen Bäume sind nicht vergessen worden.

Der große Bahnhof von Marseille ist eine weitere, erfolgreich abgeschlossene Maßnahme des Projektes **Euroméditerranée** und wartet mit beeindruckenden Zahlen auf: 4300 m² stehen für Kommerz und Dienstleistung bereit, 15 Mio. Reisende werden jährlich in der Halle empfangen und 300 Züge auf 14 Gleisen täglich bewegt. Und seit 2001 kann man von Marseille aus das knapp 800 km entfernte Paris mit dem TGV (Hochgeschwindigkeitszug) in nur drei Stunden erreichen!

Die historische Kulisse des Gare Saint-Charles bietet eine großartige Bühne für Begrüßungsfreude und Abschiedsschmerz. Von der sentimentalen Operette bis zum dramatischen Theaterstück, hier wird alles gestenreich gespielt. Eine gute Vorbereitung auf Marseille, das mit weit geöffneten Armen unten an der Treppe wartet.

› Métro Gare Saint-Charles

Aufstieg über die monumentale Treppe zum Gare Saint-Charles

Symbolträchtiges Denkmal: das Porte d'Aix

23 Porte d'Aix ★ [F2]

Auf der wie mit dem Lineal gezogenen Geraden vom Place Castellane 31 über den Cours Belsunce 24 hinauf bis zur Avenue Camille Pelletan steht – kurz vor der Einmündung in diese alte Straße nach Aix-en-Provence – das Porte d'Aix. Ehemals als monumentales **Eingangstor am nördlichen Stadtrand** vorgesehen, ist es mit der Zeit von der sich schnell ausbreitenden Metropole aufgesogen worden. Jetzt steht Marseilles kleiner Triumphbogen breitbeinig mitten in der Stadt und erinnert familienbewusst an den großen Bruder im fernen Paris.

Der Architekt **Michel-Robert Penchaud**, ein glühender Verehrer des Neoklassizismus, brauchte mehr als 15 Jahre, um das Porte d'Aix fertigzustellen (Einweihung war 1839). Er ließ sich dabei von antiken Bauten, wie dem legendären Trajansbogen in Benevent (Süditalien), dem Triumphbogen von Saint-Remy-de-Provence und dem römischen Tempel von Vernègues inspirieren. Für die zum Teil außergewöhnlich realistischen Reliefs und Statuen stehen die Bildhauer **Marneuf, Ramey und d'Angers.**

044ml Abb.: mb

Vaterlandsliebe, Siegeseuphorie und Heldenverehrung, all diese soldatischen „Tugenden" sind von ihnen symbolträchtig in die Wände und Deckengewölbe des Tores gemeißelt worden. Nach all den furchtbaren Erfahrungen, die die Menschen in den späteren großen Kriegen gemacht haben, wirkt die steinerne Botschaft trotz des großen handwerklichen Könnens ein wenig grotesk.

Vier Statuen auf dem Sims der nördlichen Torseite begrüßen die Ankommenden und verabschieden die Scheidenden. Sie symbolisieren alte Werte wie Umsicht *(prudence)* und Tüchtigkeit *(valeur)*. Leitworte, mit denen man auch heute noch bestens zurechtkommt.

Wer Lust verspürt, nach so viel Lob und Preis vergangener Zeiten auch einmal hinter die vaterländische Kulisse zu schauen, sollte in die **Avenue Camille Pelletan** oder in ihre Parallelstraße, die **Rue du Bon Pasteur** gehen. Nach wenigen Metern trifft man auf Menschen, die durch das schillernde Projekt Euroméditerranée (s. S. 50) von ihren angestammten Plätzen verdrängt wurden und werden und bei denen das soziale Netzwerk nicht greift – allesamt sind sie versiert in der Kunst zu Überleben.

In winzigen Läden wird neben Kläglichem auch Herrlich-Skurriles und Exotisches aus Afrika feilgeboten, auf der Straße wird gehandelt, gebettelt und immer wieder um jeden Cent gestritten. Hier wie in vielen anderen ärmeren Vierteln der Stadt ist die Diskrepanz zwischen gewachsenem Wohlstand und zugereister Armut sichtbar. Es werden noch viele Autos das Porte d'Aix umrunden, bis verträgliche Lösungen gefunden worden sind, die allen gerecht werden. *Vive l'égalité!*

24 Cours Belsunce ★★ [G3]

Der Cours Belsunce ist ein zur Straße gewordenes Chamäleon. Über die Jahrhunderte wurden ihm immer wieder neue Aufgaben gestellt, er hat sie alle geduldig gelöst und sich stets passend gewandelt. Der Architekt Pierre Puget hatte ihn 1670 nach dem Vorbild des Cours Mirabeau in Aix-en-Provence konstruiert, stattliche 36 m breit, mit einer von Zürgelbäumen gesäumten Allee und einem seitlichen Kutschweg. Endlich hatte auch das bürgerliche Marseille seine Flaniermeile, den damals noch sogenannten **Cours de Marseille**, dessen einzige Bestimmung es war, Laufsteg für schicke Robe und Forum für bourgeoises Imponiergehabe zu sein. An seinen Rändern entstanden schmucke Wohnhäuser von ähnlicher Bauart, alle hatten die gleiche Höhe und zumeist drei Fenster auf jeder Etage. Dieses Hausmodell der **„trois-fenêtres"** war sehr populär, wurde immer wieder nachgebaut und gilt heute als das klassische „Marseiller Gebäude".

Aus dem Cours de Marseille wurde 1852 der Cours Belsunce und nicht nur der Name änderte sich. Eine Chaussee für Autos und Karren entstand und aus der eleganten Promenade wurde eine **Transitzone in Hafen- und Bahnhofsnähe.** Auch die soziale Struktur der Bewohner veränderte sich stetig. Händler und angesehene Bürger wanderten in die besseren südlichen Wohnviertel ab, Fremde aus aller Herren Länder rückten nach und fanden im Viertel Belsunce eine neue Bleibe.

Von der historischen Prachtstraße über die wichtige Verkehrsader bis hin zur heutigen autofreien **Einkaufsstraße mit Tramlinie** in der Mitte: Die moderne Zeit hat Einzug gehalten und das ursprüngliche Bild des Cours Belsunce ist vollkommen verschwunden. Das Centre Bourse (großes kommerzielles Einkaufszentrum) liegt nebenan und mehrere spektakuläre Wohntürme von Jacques-Henri Labourdette sind hier 18 Stockwerke hoch in den Himmel geschossen. Und als Nachfolger des legendären und von den Marseillern hochgeschätzten Varietés Alcazar ist an seiner Stelle 2004 die Bibliothèque Municipale à Vocation Régionale/BMVR (Stadtbibliothek) eingezogen.

Das Quartier Belsunce ist Sinnbild für die Immigration in die Stadt. Spaziert man die Straßenbahnschienen entlang in Richtung Porte d'Aix 23 ist sofort die Faszination spürbar, die von dem **Völkergemisch** dieses Viertels ausgeht: Alle Hautfarben sind bunt durcheinander gewürfelt. Afrikanische Laute, kabylischer Gesang, armenische, italienische und gänzlich unbekannte Schrifttafeln an den Schaufenstern, die Stadt ist letzte Zuflucht und neue Heimat geworden. Jean-Claude Izzo hat es beschrieben und die wirklich „Besitzenden" werden es nicht gerne hören: „Marseille gehört denen, die es bewohnen." Der Cours Belsunce ist dafür das beste Beispiel.

25 Palais de la Bourse ★★ [G4]

Lange wurde für das Palais de la Bourse nach dem richtigen Architekten gesucht. Schließlich sollte nicht irgendein Gebäude entstehen, sondern eine angemessene Herberge für das **Chambre de Commerce** (Industrie- und Handelskammer), das 1599 von König Heinrich IV. gegründet wurde und somit das älteste in ganz Frankreich ist. Ein Symbol wirtschaftlicher Macht sollte es werden, repräsentativ und dennoch funktionell.

Die Entwürfe von Pascal Coste fanden letztendlich Zustimmung und 1860, nach mehr als sechs Jahren Bauzeit, weihte Napoléon III. das im **neoklassizistischen Stil** errichtete Palais de la Bourse ein. Um eine zentrale Halle, die bis zu **2500 Händler** aufnehmen konnte, gruppierten sich Schreibstuben und Diensträume der Abgeordneten. Heute teilt sich das Chambre de Commerce die Räumlichkeiten mit dem **Musée de la Marine et de l'Economie** (s. S. 36). Die Präsenz des Hafens und des Handels nachhaltig unter einem Dach – das zeugt von gelungener Interaktion. Kaufleute trifft man allerdings keine mehr, „Geschäfte" werden virtuell getätigt Der Saal mit seinem schwarzweiß gemusterten Marmorboden wird ab und an für unterschiedliche Präsentationen genutzt. Arkaden säumen den zweigeschossigen Raum und überall werden aus Stein geformte Handelsgeschichten erzählt. Die enge Verflechtung von Wirtschaft und Seefahrt in Marseille ist unübersehbar. Das belegen auch die **steinernen Wandbilder**, die neben dem mächtigen korinthischen Säulenbalkon die Außenfassade schmücken. Am Eingangsgitter liegen dekorativ zwei riesige eiserne Schiffsanker, die trotz fehlender Ketten mit dem Palais verbunden zu sein scheinen. Eine gute Maßnahme, denn die nachsten Jahrhunderte werden bestimmt nicht weniger stürmisch als die vergangenen.

Auf der gegenüberliegenden Straßenseite dreht sich ein buntes Kinderkarussell. Eine sicherlich nicht gewollte, doch Sinn ergebende Nähe zum Palais de la Bourse: Handel und Wandel, immer gehts rund.

› 9 La Canebière, Tel. +33 (0) 810113113, Öffnungszeiten Chambre de Commerce Mo.–Fr. 8–18.30 Uhr

074ml Abb.: mb

Südlich der Canebière

26 Opéra ★★ [G4]

„Die Kunst hat die Schönheit der Aphrodite, den Rhythmus des Apollo, das Gleichgewicht der Pallas und die Lebendigkeit des Dionysos." Diese Inschrift auf dem Gesims der Opéra macht es dem Besucher leicht, in die Welt der Musikkünste einzutreten.

Die Opéra wurde nach den Plänen von Charles Joachim Bénard im **neoklassizistischen Stil** errichtet und **1787 eingeweiht.** Marseille war damit nach Bordeaux die zweite Stadt Frankreichs, die über ein Forum verfügte, das ganz und gar dieser Form der darstellenden Kunst gewidmet war. Zum großen Drama kam es 1919, als ein **Brand** Bühne und Saal zerstörte. Nur die tragenden Wände und die Steinfassade mit den vorgebauten ionischen Säulen blieben erhalten.

Die Architekten Gaston Castel und Raymond Ebrard wurden mit dem **Wiederaufbau im Art-déco-Stil** betraut. Mit auf der gestalterischen Bühne stand Antoine Sartorio, der die Inschrift oben am Giebel, die darunter liegenden Allegorien und die bronzenen Reliefs der Gittertore vor dem Gebäude schuf. Zum kreativen Ensemble stießen lokale Künstler wie Augustin Carrera, der das wunderschöne Gemälde „La Légende d'Orphée" an der Decke des Foyers schuf. Viele andere wie de Groux, Verdilhan und Bourdelle ergänzten mit ihren Werken sehr stimmig das prächtige Gesamtbild.

Nach kompletter Rekonstruktion fand die **Wiedereinweihung** der Oper im Jahr **1923** statt. Die Besonderheit dieses dem Tanz und der Musik geweihten Tempels ist die sehr harmonische Verbindung zweier Stile: Der Neoklassizismus aus dem 18. Jh. und der Art déco der 1920er-Jahre, ein gelungener Pas de deux.

Den Marseillern liegt ihre Oper am Herzen. Dem anspruchsvollen Publikum wird ein farbiges Programm geboten, in dem Klassik und Romantik, aber auch Werke zeitgenössischer Komponisten Platz finden. Ob in La Traviata, Carmen oder Don Giovanni, große Auftritte lassen die Mauern beben. Also, Krawatte um und hin!

› 2 Rue Molière, Tel. +33 (0) 491551110, http://opera.marseille.fr, im August Sommerpause

27 Temple Protestant ★ [G4]

Die **evangelische Religion** spielt noch nicht lange eine Rolle im religiösen Schmelztiegel von Marseille. Erstmals wird sie in der zweiten Hälfte des 18. Jahrhunderts namentlich erwähnt. Heute findet eine **kleine Gemeinde** von 500 Protestanten mit unterschiedlicher Herkunft und spirituellem Ansatz im Temple Protestant ihr Zuhause und ihr Forum. Diese erste nicht-katholische Kirche der Stadt wurde 1822 von dem angesehenen Architekten Michel-Robert Penchaud konstruiert und nach einer Bauzeit von drei Jahren eingeweiht.

Der *temple* braucht nicht viel Platz, um sich behaupten zu können. Er ist unaufdringlicher Teil einer ganz normalen Häuserzeile mitten im Zentrum und seine **Fassade** fällt eigentlich nur durch ihre **Schlichtheit** auf. Der nach vorne offene Vorraum mit der hohen dunklen Tür sieht aus wie der Eingang zu einem dorischen Tempelchen. Auf Dekoration wird verzichtet.

Die fast spartanische Strenge setzt sich **im Innern** fort. Der rechteckige Kirchenraum wird von zweistöckigen Galerien flankiert, schlichte Säulen tragen die Zwischendecke und das flache Dach. Der ganze Raum ist weiß gekälkt, durch wenige Fenster fällt spärliches Tageslicht. Auf der Empore oberhalb des Eingangs entdeckt man die moderne Orgel, 1982 von der renommierten Manufaktur Alfred Kern de Strasbourg gefertigt.

Keine Heiligen, keine Mariaverklärungen, keine pompösen Insignien braucht es hier. Nur ein großes Holzkreuz hinter der Altarkanzel erinnert an die eigentliche Aufgabe des Gebäudes. Harmonie in den Proportionen, die Kunst des Weglassens und die Konzentration auf das Wesentliche finden durch Penchaud ihre meisterliche Umsetzung in dieser Kirche.

› 15 Rue Grignan, Gemeindezentrum geöffnet: Di.–Sa. 12–18 Uhr. Eingang über den Parvis du Protestantisme links neben der Kirche.

KLEINE PAUSE

Les Panisses

Namensgeber ist eine typische Marseiller Spezialität: ein frittiertes Kichererbsenküchlein. Als nordafrikanisches Leckerli sind die Panisses auch ein Symbol für die Ehe von arabischem Flair und Pariser Brasseriekultur. Aufwendige Fliesendekore ergänzen stimmungsvoll Leuchtenklassiker, Lederbänke und lange Reihen von Bistrotischen. Die Speisekarte ist gespickt mit sehr speziellen Gerichten, die Desserts munden köstlich. Les Panisses, südfranzösisch, lässig, großstädtisch. Eins wie viele und doch irgendwie anders.

117 [G4] **Les Panisses** €€-€€€, 22 Rue Sainte, Tel. +33 (0) 491528683, www.lespanisses.fr, Mo.–Sa. 12–15, Mi.–Sa. 20–23 Uhr

◁ *Die Oper in Marseille*

28 Vom Marché des Capucins zur Rue Halle Delacroix ★★★ [G3]

Im Panier-Viertel erwartet den Besucher das malerisch-historische Marseille, rund um die Opéra 26 *zeigt sich die Stadt luxuriös. Ganz anders ist der Auftritt des Quartiers Noailles.*

Kommt man von der Canebière 20 oder der nahen Metrostation und betritt den **Marché des Capucins,** dann ist das wie ein Transfer ins ferne Morgenland. Hier muss man sich auf orientalische Genüsse und Rituale einlassen. Frisches Obst und Gemüse wird auf Euro komm raus lautstark an die Frau oder den Mann gebracht und kleine Läden links und rechts am Platz bieten Leckeres an. Alles gibt es für kleines Geld, auch den feschen Haarschnitt oder ein buntes Tuch um die Hüften.

Nur ein paar Schritte weiter sind es bis zur **Rue Longue des Capucins.** Schon wähnt man sich in den Souks von Tunis und Tanger und kann sich gar nicht sattsehen an roten Fischen aus dem Senegal, blauem Samt aus Marokko und quittegelbem Ingwer aus den Tropen. Der Duft von Gewürzen und Kräutern hängt in der Luft und ein Gewirr aus arabischem Singsang und fremder Sprache erfüllt die Gassen. Bei einem süßen *thé à la menthe* (Minztee) in einem der zahlreichen *salons de thé* lässt sich dieses faszinierende Treiben noch länger und ganz in Ruhe genießen.

Die Rue Longue des Capucins mündet in einen kleinen Platz und von da aus geht es über die Rue Vacon links in die **Rue Halle Delacroix.** Auf dieser Straße, die wegen ihrer Breite mehr wie ein Platz erscheint, kann man minutenschnell die Kontinente wechseln, von Nordafrika nach Asien, von Osteuropa in die Karibik. Chinesische Kräcker, afrikanische Wurzeln, karibische Früchte und die „bred mafane" (aromatische Pflanze) aus Madagaskar – nur Mut, Probieren geht über Studieren.

Der Besuch des quirligen Quartiers mit seiner kunterbunten Kultur- und Gastromischung gehört zur Kür auf der Runde durch die Viertel von Marseille. Pflicht dagegen ist es, bei dem Bummel durch die hektischen Basare **auf Handy und Börse achtzugeben.** Sonst wird man sie womöglich am nächsten Tag im Angebot einschlägiger Marktstände entdecken.

› Metrostation Noailles. Markt tägl. außer So. 7–19 Uhr

29 Palais des Arts (Conservatoire national de musique de région) ★★ [H4]

Mit dem Palais des Arts ist dem Architekten Jacques-Henri Espérandieu ein ganz großer Wurf gelungen. Das geradezu majestätisch wirkende Gebäude wurde in den Jahren 1864 bis 1874 errichtet, um die Ecole des Beaux-Arts (Akademie der Schönen Künste) und die Bibliothèque de la Ville (Stadtbibliothek) unterzubringen. Ideale Räumlichkeiten, denn hier ist sehr früh und auf beeindruckende Weise verwirklicht worden, was viel später die Maxime einer ganzen Designer- und Architektengeneration wurde: „form follows function".

Die Funktion dieses Palais war es, **Kunst und Bildung** gemeinsam zu beherbergen und sie dennoch formal klar und von außen sichtbar zu trennen. Beides ist hervorragend gelungen. Es gibt **zwei große Eingänge,** geschmückt und „erklärt" durch steinerne Figurinen, die eindeutig den Aufgaben der beiden Gebäudeteile zuzuordnen sind. Die **Büsten** von zehn großen Mäzenen der Architekturgeschichte hat man zwischen den hohen Fenstern der vorderen Fassade eingebettet und ihnen damit eine verdiente Referenz erwiesen. Nicht fehlen darf auch der großartige Architekt Espérandieu, vor dessen steinernem Konterfei man sich im Innenhof verneigen kann.

Heute ist im Palais des Arts eine wichtige Institution untergebracht, die sich die **Förderung provenzalischer Kunst und Künstler** auf die Fahnen geschrieben hat: das Conservatoire national de région (nicht zu besichtigen). Die Stadt Marseille unterstützt großzügig die Arbeit der Einrichtung. Tritt man rechts in das Gebäude ein, so erreicht man über eine elegant geschwungene Treppe die ehemalige Bibliothek und ist beeindruckt. Dunkle Holzflächen schmeicheln dem Auge, der typische Geruch alter Bücher scheint noch in der Luft zu liegen und leise Musik aus dem nahen Konservatorium dringt in den Raum.

Vor dem Palais trabt ein Bronzepferd kraftvoll an, Kontrast und sinnvolle Ergänzung gleichermaßen zu der „regungslosen" Architektur im Hintergrund – ein Werk des venezianischen Künstlers Luigi di Ludovico (1983).

Am Eingang zum Gelände des Palais des Arts, auf dem Marché Place Carli, kann man von montags bis samstags (9–19 Uhr) antiquarische Bücher, Comics, Schallplatten, CDs und DVDs für kleines Geld kaufen. Stöbern lohnt sich!

› 2 Place Auguste et François Carli

046ml Abb.: mb

Der kleine César ignoriert den Markttrubel am Cours Julien auf seine Weise

30 Cours Julien ★★ [H4]

Der Cours Julien war mehr als 100 Jahre lang die Straße des zentralen Obst- und Gemüsemarktes von Marseille. 1973 dann zog der ganze Händlertross in das nördliche 14. Arrondissement, von wo aus noch heute der Marché d'Intérêt National aux Arnavaux die Stadt versorgt. Am frei gewordenen Cours Julien entstand ein Platz mit einer vollkommen neuen Kulisse, in der sich **Bürgerliches mit Alternativem paart.** Das Ergebnis kann sich sehen und genießen lassen. Die schönen alten Häuser zu beiden Seiten des Terrains wurden herausgeputzt und rundherum sind **Restaurants, winzige Galerien** mit Kunst und Kitsch und **trendige Klamottenläden** entstanden. Hier trifft sich gerne die alternative Szene von Marseille und bei gutem Wetter ist auf der großen Mittelterrasse kein Stuhl mehr frei. Man schlemmt und schlürft, palavert und polemisiert, man sieht und wird gesehen. Und wer es etwas ruhiger mag, der kann sich auf die Esplanade mit ihren Podesten und Wasserspielen zurückziehen. Alles wirkt leicht und beschwingt, Renoir hätte an diesem Motiv seine helle Freude gehabt.

075ml Abb.: mb

Natürlich ist auch der klassische *marché* geblieben. Regelmäßig werden **Trödel- und Büchermärkte** veranstaltet und mittwochvormittags gehört der Platz den **Bauern** der Region, die gutes Obst, Gemüse und Bioprodukte aller Art anbieten. Dann kaufen hier nicht nur die alternativen Gesundesser, sondern auch für die Etablierten aus den wohlhabenden Quartiers ist der „Cours Ju" ein angesagtes Ziel.

Sehens- und Erlebenswertes gibt es auch östlich des Platzes: In schmalen Gassen präsentiert sich Gastronomie aus aller Welt, man kann **großartige Graffitis** auf den alten Fassaden bestaunen und abends öffnen als Geheimtipp gehandelte Klubs.

Von der westlichen Platzseite aus erreicht man über eine Treppe die unteren Stadtteile. Diesem angenehmen Ort Adieu zu sagen fällt nicht leicht, doch ein fabelhafter Blick auf Marseille von den oberen Stufen aus tröstet.

› Metro bis Notre-Dame-du-Mont/ Cours Julien

31 Place Castellane ★ [H6]

Der Marquis de Castellane-Majastre scheint ein großzügiger Mann gewesen zu sein. Im Jahr 1774 schenkte er der Stadt einen Teil seines großen Grundbesitzes, eben diesen Platz, der seitdem seinen Namen trägt: La Place Castellane. Ein Jahrhundert lang stand der Obelisk 40 in der Mitte des Rondells, bis er im Jahre 1911 durch einen monumentalen Springbrunnen ersetzt wurde. Die **Fontaine Jules Cantini** des Bildhauers André-Joseph Allar ist eine großzügige Gabe des Mäzen Cantini. Die vier Skulpturengruppen, die den eleganten Brunnen bilden, stellen den Weg des Flusses von der Quelle über den Bach bis hin zum Meer dar. Sie symbolisieren Kraft und Bewegung und die Bedeutung des Wassers für Marseille.

Nachdem man das figurale Schmuckstück ausreichend bestaunt und von hier aus das ferne **Porte d'Aix** 23 entdeckt hat, sollte man in einem der zahlreichen Lokale rund um den ständigen Wasserwirbel einen Kaffee, ein preiswertes Tagesgericht oder einen Aperitif genießen.

KLEINE PAUSE

Die süße Leckerei zwischendurch

Ob im swingenden Ambiente der Art-déco-Brasserie oder auf der großen Außenterrasse, das ausgesprochen freundliche Personal des La Folle Epoche serviert zum Milchcafé verführerische Köstlichkeiten wie Crêpes und Crème brulée. Wer kann da schon widerstehen?

118 [G5] **La Folle Epoche** €-€€, 10 Place Félix Baret, Tel. +33 (0) 491333824, geöffnet: Mo.–Sa. 8–20 Uhr

32 Cimetière Saint-Pierre ★★ [M5]

Man mag Friedhöfe oder auch nicht. Der Besuch des Cimetière Saint-Pierre aber ist absolute Pflicht. Mit seinen 63 ha ist er einer der größten und schönsten Friedhöfe in ganz Europa. Geplant vom Architekten **Sixte Rey** für das damals ländliche Gebiet vor der Stadt, sollte er den alten Friedhof Saint-Charles ersetzen, dem durch die Umklammerung des aufblühenden Marseille langsam die Luft ausging. 1854 entstanden die ersten Anlagen auf dem neuen Terrain, die offizielle Einweihung fand jedoch erst im **Dezember 1863** statt.

Wenn man das bewachte Eingangsportal passiert hat, ist die Sicht auf das riesige Gelände atemberaubend. Es öffnet sich ein breiter, schnurgerader Boulevard mit einem imposanten Mahnmal in der Ferne, links und rechts gehen in rechtem Winkel breite, mit Asphalt und weißem Kiesel befestigte Wege ab. Die Flächen sind aufgefüllt mit gewaltigen marmornen Sarkophagen, dazwischen immer wieder begehbare Andachtshäuschen mit schmiedeeisernen filigranen Türen, wundersame Grabgewölbe und orientalisch verzierte Grüfte. Auf größeren Flächen stehen Mausoleen, eingerahmt von dunklen Bäumen. Kein frisches Grün, keine verblühte Blume. Die ganze Grabdekoration ist aus koloriertem Marmor gefertigt, selbst Sträuße und Kränze. Eine seltsam unwirkliche, kunstvoll gerasterte Kulisse aus Marmor und Stein und Eisen.

Die Toten des Cimetière Saint-Pierre sind für die Ewigkeit platziert, optisch oberirdisch und von festem Stein beschützt. Und je größer der Quader, je feiner das Material, je schwerer das Kreuz, desto größer das Ansehen über den Tod hinaus. Dabei sind auch wirklich **skurrile Beispiele dieses Ewigkeitskultes** zu sehen wie der früh verstorbene jugendliche Faustkämpfer, dem seine Familie eine lebensgroße Marmorfigur hat meißeln lassen. Oder die französische Mutter aus graugrünem Stein, die ihren im ersten Weltkrieg gefallenen Sohn trauernd im Arm hält. Oder die unzähligen Engel aller Größen, die das ganze Friedhofsareal bevölkern.

Der Cimetière Saint-Pierre ist wahrlich groß, man wird nur einen Teil besichtigen können und wollen. Seine Wirkung ist zwiespältig, starke Bilder bleiben. Man ist froh, fast erleichtert, wenn man nach dem Ausflug in die Welt der Toten wieder in das so lebendige Marseille eintauchen kann.

Noch heute übrigens sagen die Marseiller, wenn ein Mensch in gesundheitlich sehr schlechter Verfassung ist: **„Bald wird er die 68 nehmen!“** Diese Redewendung rührt daher, dass Anfang des 20. Jahrhunderts die Straßenbahnlinie 68 von der Innenstadt bis zum Friedhof Saint-Pierre reichte und Transportmittel für Lebendige und Tote war.

› 380 Rue Saint-Pierre, Metro bis La Timone und 1 km Fußweg oder Tram direkt bis Saint-Pierre, geöffnet: tägl. ab 7.30 Uhr, je nach Jahreszeit bis 17.30 bzw. 18.30 Uhr

◁ Bunte Graffiti und buntes Markttreiben bestimmen den Cours Julien

072ml Abb.: mb

33 Hôtel de la Préfecture ★★ [H5]

Ein Monsieur de Maupas war Mitte des 19. Jahrhunderts der verantwortliche Präfekt (oberster Verwaltungsbeamter) des Departements Bouches-du-Rhône. Ihm ist es zu verdanken, dass wegen des damaligen Mangels an zivilen Großgebäuden in Marseille eine rege Bautätigkeit begann. Im Zuge dieser planerischen Maßnahmen wurde der Architekt Auguste Martin mit der Konzipierung eines seiner politischen Bedeutung **angemessenen Verwaltungsgebäudes**, des Hôtel de la Préfecture, beauftragt.

Von der Grundsteinlegung im Jahre 1861 bis zur Einweihung fünf Jahre später wurden alle **architektonischen Finessen** eingebaut, die in der damaligen Epoche zur Verfügung standen. Man versicherte sich dabei der Hilfe renommierter Inneneinrichter, regionaler Maler und bester Handwerker. Ein absolut sehenswertes Ergebnis dieser gemeinschaftlichen Anstrengung sind die **Fresken** an den Wänden und Decken der Ehrenwohnungen und des Essraumes im Inneren des Gebäudes. Leider ist die Präfektur nur einmal im Jahr während der „Journées du Patrimoine" (Tage des Kulturerbes) für das Publikum geöffnet.

Mit dem Hôtel de la Préfecture ist ein Bauwerk gelungen, das die **hohen ästhetischen Ansprüche** der damaligen Stadtplanung und Bürokratie sichtbar erfüllt. Über die ganze Fassade sind Statuen und Reliefs des Bildhauers Lequesne wie Orden üppig verteilt. Der Mitteltrakt mit dem Eingangstor mündet oben in einen halbrunden Kuppelhelm, ein stattlich imposanter, fast militärischer Auftritt der Präfektur.

An der Straßenecke zur Rue de Rome, gegenüber der Préfecture de Police, steht ein **Zenotaph**, ein leeres Grabobjekt. Es erinnert an das tödliche Attentat auf den jugoslawischen König Alexander I. im Jahre 1934 hier in Marseille, bei dem auch der französische Außenminister Louis Barthou ums Leben kam.

Besonders zur Geltung kommt das Hôtel de la Préfecture, wenn man es aus der Distanz betrachtet und sich auf der Shoppingmeile Rue Saint-Ferréol oder auf dem Place Félix Baret positioniert. Dabei erkennt man, wie ausgezeichnet die **Gestaltung des Vorplatzes** die gesamte Architektur ergänzt: Die Fassade im Hintergrund bildet eine fabelhafte Kulisse für die schaumweiße Fontäne und den Wasserfilm, der die Steinstufen des Brunnenkarrees mit einer silbrigen Haut überzieht. Und zum magischen Gesamtkunstwerk wird das Ganze, wenn abends die Lichter angehen und die Konturen der Fassaden lange Schatten werfen.

34 Place Estrangin-Pastré ★★ [G5]

La Place Estrangin-Pastré ist eigentlich ein ganz normaler Fleck im dichten Straßennetz der Stadt, doch ein schneller Blick in die Runde macht sehr schnell das Besondere dieses Areals deutlich. Es stehen nur zwei Gebäude hier, das eine ist die **Banque de France**, ein eleganter Bau mit hochherrschaftlichem Auftritt, 1885 von dem Architekten Joseph Letz realisiert. Die Trikolore hängt wie eine Klubkrawatte an der Fassade und es wird klar: So schmückt sich das große Geld. Nach einem schnellen Blick auf die schöne Uhr droben im Giebel (denn Zeit ist schließlich Geld), wird sich der kleine Sparer nur sehr zögerlich durch das hohe Eingangsportal wagen.

Das andere Gebäude ist die **Caisse d'Epargne**, 1904 von Alfred Tournaire erbaut. Auch diese Sparkasse ist trotz ihrer etwas überfrachtet wirkenden Fassade sehr beeindruckend. Absolut sehenswert ist die Allegorie des Sparens an der Ecke zum Cours Pierre Puget. Menschen unterschiedlicher Profession überreichen einer jungen Frau symbolisch ihr Geld. Auf das Heute übertragen: „Das Bankfräulein hat Kundschaft." Eine in Stein gehauene Außenwerbung mit eindeutigem Credo: Vertrau der Bank!

Das Highlight des Place Estrangin-Pastré aber ist der **große Springbrunnen.** Als Händler und damaliges

047ml Abb.: mb

Mitglied der „Association de libre-échange" (Freihandelsvereinigung) hatte Monsieur Henri Estrangin ihn bei dem Bildhauer André-Joseph Allar in Auftrag gegeben und 1890 der Stadt geschenkt. Auf der Spitze des Brunnens thronen Merkur (römischer Gott des Handels) mit Kind und eine Meerjungfrau, ein Füllhorn schüttet Erfolg und Wohlstand über die Menschen. In den Schiffsbugen rund um den Brunnen sind die verschiedenen Kontinente visualisiert, mit denen die Stadt Handel getrieben hat. Sie sind verbunden durch einen Reigen steinerner Girlanden.

Es ist nicht nur dieses Brunnenobjekt, das in der Zeit einer großen ökonomischen Krise die Bedeutung des freien Handels für die Stadt bebildert, nein, der ganze Platz quillt über von plakativen Symbolen für unternehmerische Kraft und Reichtum. Man spürt den Windhauch des **„esprit libéral"** (liberale Geisteshaltung), der Marseille in dieser Epoche entscheidend geprägt hat.

Das Hôtel de la Préfecture: stattlicher Auftritt des Verwaltungsgebäudes aus dem 19. Jh. und eine amtliche Skateboard-Performance davor

Entdeckungen außerhalb des Zentrums

Um Marseille in seiner Komplexität zu erfassen, reicht es nicht aus, sich in der City zu bewegen. Nur wer auch die zentrumsferneren und häufig am Meer liegenden Plätze aufsucht, kann sich ein komplettes Bild von der Metropole machen.

Vom Rond-Point du Prado zum Rond-Point de Mazargues

Auch in der Südstadt Marseilles findet man Erstaunliches: historische Bauten, sportive Institutionen oder architektonische Pionierarbeit. Ein Ausflug mit Bus, Metro oder per pedes lohnt sich allemal.

Die futuristische Dachterrasse der Cité Radieuse 38

35 Cathédrale Arménienne ★ [I9]

Zwischen all den Zweckbauten der belebten Avenue du Prado wird man von der kleinen **armenisch-apostolischen Kathedrale** überrascht. Hell und unverwechselbar steht sie da und scheint sagen zu wollen: „Bonjour, hier bin ich und habe viel zu erzählen!"

Die **armenische Geschichte** in Marseille beginnt in der zweiten Hälfte des 19. Jahrhunderts, als die ersten Familien aus Vorderasien in der Stadt ankamen. Kaufleute und Händler siedelten sich rund um den Vieux-Port 1 an und im Jahre 1881 wurde die erste armenische Kapelle erbaut. Nach dem Völkermord der Türken an den Armeniern im Jahre 1917 mit mehr als 1,5 Millionen Opfern drängten immer mehr Flüchtlinge in die

KLEINE PAUSE

Klein und fein!

Sylvie Lecras führt diesen exzellenten Delikatess- und Feinkostladen, der sehr schnell zur beliebten Gourmet-Boutique des Quartiers geworden ist. Sie serviert kleine Snacks wie Salate, Sandwiches oder Antipasti, alles frisch zubereitet und von bester Qualität. Und wer auf den Geschmack gekommen ist, kann sich mit allerlei fein verpackten Produkten für Zuhause eindecken. Probier- und Kaufempfehlung: lange gereifter Schinken und scharfe Salami aus Italien und Spanien!

119 [I9] **505 L'épicerie** €-€€€, 505 Rue Paradis, Metro bis zum Rond-Point du Prado, Tel. +33 (0) 491400934, Mo.–Sa. 8–19 Uhr

Stadt. Schnell wuchs die Gemeinde auf 60.000 Menschen an und man musste sich neu organisieren. Das Grundstück an der Avenue du Prado wurde erworben und die Grundsteinlegung erfolgte im Jahre 1928 durch Krikoris Balakian, dem ersten Bischof der armenisch-apostolischen Kirche in Südfrankreich. Konstruiert vom Architekten Tahtadjyan und finanziert von dem schwerreichen Vahan Khorassandjian aus Brüssel, war der Bau drei Jahre später abgeschlossen.

Die **Kathedrale** ähnelt mit ihren Kuppeln und Türmchen stark der „Mutter-Basilika" in der Stadt Etschmiadsin nahe der armenischen Hauptstadt Eriwan. Sie entwickelte sich bald zum religiösen Zentrum der Gemeinde. Nur eine **Gedenkstätte** auf dem Kirchenvorplatz erinnert an den Holocaust durch die Türken. Aber hinter der Kathedrale gibt es ein **kleines kulturelles Zentrum**, in dem man sich über die Geschichte dieser Immigranten informieren kann. Auch außerhalb der sonntäglichen Öffnungszeit (9–12 Uhr) der Kathedrale ist, nach telefonischer Absprache, ein Besuch möglich und empfehlenswert. Man erfährt viel über die in diesem Fall gelungene Integration von Fremden und Flüchtlingen in Marseille und sehr viel über das Leben und Leiden des armenischen Volkes.

Heute leben rund 80.000 Armenier in Marseille und machen damit fast zehn Prozent der Bevölkerung aus.

› 339 Avenue du Prado, Metro bis zum Rond-Point du Prado, Tel. +33 (0) 491778470

36 Parc Chanot ★ [J9]

Bei der unglaublichen Fülle von touristischen Highlights vergisst man leicht, dass Marseille die führende Industrie- und Dienstleistungsmetropole des französischen Südens ist. Der Parc Chanot, **Messe- und Kongresszentrum der Stadt**, spielt dabei eine außerordentlich wichtige Rolle.

Das Ausstellungsgelände mit seinen 170.000 m², das auf einem ehemaligen Militärterrain entstanden ist, unterscheidet sich nicht wirklich von anderen in Europa: riesige Hallen, weite Parkplatzareale und ein eher unspektakulärer **Palais de Congrès** (Kongressgebäude). Aber vielleicht hat man Glück und findet unter den vielen Veranstaltungen interessante Angebote wie regelmäßig stattfindende **Popkonzerte und Sportevents**. Im Jahr 2003 war der Höhepunkt im Parc Chanot z. B. das Spektakel rund um die Rallye Paris-Dakar mit Riesenaufwand an Mensch und Material. Auf jeden Fall sehenswert ist die von Ende September bis Anfang Oktober stattfindende internationale Verbrauchermesse **„Foire Internationale"**.

Wenn man das gewaltige und überaus kunstvoll geschmiedete Eingangstor zum Gelände passiert hat, liegt zur Linken das **Palais des Arts**, in dem in wechselnden Expositionen zeitgenössische Kunst präsentiert wird. Dieses Gebäude ist das einzige Relikt der ersten großen Kolonialausstellung im Jahre 1906 und beherbergte bis 1940 das Musée du Vieux Marseille (Heimatmuseum). Die Fassade des schmucken Gebäudes kommt mit steinernen Girlanden und Dekosäulen etwas zuckerbäckrig daher, aber die Seitenportale zeigen schöne, gold hinterlegte Fresken mit Ansichten der Stadt. Dieser kleine Ausflug in das vorige Jahrhundert, dieses kurze Innehalten im eher hektischen und prosperierenden Parc Chanot, lohnt sich allemal.

› **Le Parc Chanot,** Rond-Point du Prado, www.parc-chanot.com

37 Stade Vélodrome ★ [K10]

Das Vélodrom ist, wie der Name schon sagt, eigentlich eine Radrennbahn. In den Jahren 1933 bis 1937 baute man es zu einem **Fußballstadion** um, doch sein ursprünglicher Name blieb. 1997 wurde die alte Arena von den Architekten Averous, Buffi und Vranitzky neu und großzügig konzipiert und kann gut 67.000 Fans empfangen.

Das Stade Vélodrome ist nach dem Stade de France in Paris das zweitgrößte Fußballstadion Frankreichs und rangiert damit auf Platz 1 als **größtes Vereinsstadion des Landes.** Es ist außerdem noch Spielstätte der französischen **Rugbynationalmannschaft** und war Austragungsort der Rugbyweltmeisterschaft 2007.

049ml Abb.: mb

Aber das Velodrom ist viel mehr als eine renommierte Sportarena. Es ist ein Denkmal – und das nicht nur wegen der beeindruckend leichten Architektur oder der großzügig und klug angelegten Park- und Grünflächen im nahen Umfeld des Stadions. Nein, es gilt als Institution, weil es Heimat und Herberge für die launische Diva **Olympique de Marseille (OM)** ist, der nach Umfragen beliebtesten Fußballmannschaft Frankreichs.

Seit 1899 bereits gibt es den Verein, er ist Gründungsmitglied der Division 1 und der Verein mit den meisten Titeln in Frankreich. OM wurde bis 2015 neunmal französischer Meister, gewann zehnmal den nationalen Fußballpokal und ist das einzige Team des Landes, das die Champions League gewinnen konnte. In seinen Reihen standen auch so erfolgreiche deutsche Spieler wie Karl-Heinz Förster, Klaus Allofs und Rudi Völler. Aber es gibt auch eine **dunkle Seite** von Olympique Marseille, auf der Bestechung, Korruption, Doping und Zwangsabstieg stehen. Doch all das kann die Liebe der Marseiller zu ihrer Mannschaft nicht erschüttern.

Das Fußballspielen ist Offenbarung in dieser Stadt, das Kicken schlummert in den Genen, ist zweite Natur, ist Königssport. Bei **Heimspielen** von OM verwandeln sich die Flächen rund um das Stadion in einen weiß-blauen Jahrmarkt und die Metro stimmt den Fahrplan auf die Spielzeiten ab. Bistros mit Fernsehern sind brechend voll von Besserkönnern und Laienschiedsrichtern, jeder Pass, jeder Torschuss, jede Bewegung auf dem Platz wird lautstark kommentiert. Und der Pastis fließt in Strömen.

Um wirklich hinter das Geheimnis von Olympique Marseille mit seinem berühmten Fußballstadion zu kommen, sollte man sich mit an die Theke stellen oder besser noch fürs nächste Heimspiel eine Karte kaufen. Da erst wird man verstehen, warum das Stade Vélodrome eines der meistbesuchten Denkmäler in Marseille ist.

› 3 Boulevard Michelet, Metro bis Rond-Point du Prado, www.om.net, vom Office du Tourisme werden regelmäßig Führungen angeboten. Tickets an den Stadionkassen, im Touristenbüro (s. S. 111) und im Internet.

38 Cité Radieuse ★★★ [K11]

Die Marseiller nennen die „Unité d'habitation" (Wohneinheit) des Architekten Charles-Edouard Jeanneret, besser bekannt als Le Corbusier, auch „Cité radieuse" (strahlende Stadt), „Maison du fada" (Haus des Verrückten) oder ganz schlicht und nahe liegend „Le Corbusier".

1887 in der Schweiz geboren, wurde **Le Corbusier** zu einem der bedeutendsten, einflussreichsten, aber auch umstrittensten Architekten des 20. Jahrhunderts. Sein Name steht für bildende Kunst, funktionelles Möbeldesign und neue bahnbrechende Lösungen in der Städteplanung.

Eine seiner ganz großen kreativen Leistungen sieht man in der Entwicklung der **„Unité d'habitation"**, die unter anderem auch den Wohnungsmangel nach dem Zweiten Weltkrieg lindern sollte und zum Vorläufer der Plattenbauten wurde. Durch standardisierte Serienproduktion wollte der Architekt ein hohes Maß an Effizienz erreichen und einer breiten Bevölkerungsschicht erhöhten Wohnkomfort ermöglichen. Le Corbusier bemühte sich, Einrichtungen des täglichen Bedarfs in Wohneinheiten zu integrieren, zu „stapeln", denn das entsprach seinem Leitbild der vertikalen Stadt.

Zwischen 1947 und 1965 wurden nach diesem System an vier französischen Orten und in Berlin fünf Wohneinheiten errichtet. 1947 begann man mit dem Bau der ersten „Unité d'habitation" in Marseille, nach fünf Jahren war das avantgardistische Gebäude vollendet. Die Cité Radieuse wurde am 14. Oktober 1952 eröffnet.

051ml Abb.: mb

Die Cité Radieuse wartet mit einer gerasterten Fassade auf

Nächtliches Public Viewing der Fans von Olympique de Marseille

Der **Skelettbau aus Stahlbeton** ist 138 m lang, 25 m breit und 56 m hoch. Er hat 18 Stockwerke und kein Erdgeschoss – der riesige Platz zwischen den Betonstempeln wird klug als Parkplatz genutzt –, er steht praktisch auf Stelzen und scheint trotz seiner unglaublichen Dimension zu schweben.

Es gibt **337 Appartements.** Auf der dritten und vierten Etage befinden sich ein **Restaurant** und ein **Hotel.** Ganz oben auf der Dachfläche existiert noch immer ein kleines **Schwimmbecken.** Im heißen Sommer von Marseille werden hier Theaterstücke aufgeführt, Filme gezeigt und Konzerte veranstaltet.

Heute leben in der Wohneinheit 1300 Menschen. Monsieur Georges Moreau, der Vizepräsident der „Association des habitants de l'unité d'habitation", ist einer von ihnen. Er beschreibt das Leben im „Le Corbusier" als Geisteshaltung und möchte niemals ohne die „verschworene" Gemeinschaft sein, die er seit 39 Jahren mit seinen Nachbarn pflegt. Monsieur Moreau schwärmt von den guten Materialien, die in diesem Gebäude verbaut worden sind, von der exzellenten Schalldämmung und der homogenen Farbgebung von Wänden, Decken und Türen. „Nous sommes les fanas de fada!", sagt Moreau. **„Wir sind fanatische Anhänger des Verrückten!"**

Etwa 500 interessierte Besucher stürmen monatlich das Gebäude und flanieren über die langen „Straßen" der für den Tourismus freigegebenen dritten und vierten Etage oder besuchen eine der regelmäßig wechselnden Ausstellungen in der Eingangshalle. Und wer nach dem Eintauchen in den städtebaulichen Geniestreich von Le Corbusier Lust bekommen hat, der Architektur auf dem Dach herumzutanzen, dem sei gesagt: Der Blick über Marseille aus einer Höhe von fast 60 m ist atemraubend!

› 280 Boulevard Michelet, Metro bis zum Rond-Point du Prado, dann Buslinie 21, Haltestelle Le Corbusier, www.marseille-citeradieuse.org. Vom Office du Tourisme werden regelmäßig Führungen angeboten.

39 Magalone ★★ [K11]

Was für ein Gegensatz! Mit dem imposanten Corbusier-Komplex im Rücken überquert man den lärmenden Boulevard Michelet und tritt in eine andere Epoche ein. La Magalone, eine **Bastide** (französisches Landhaus) aus dem 18. Jahrhundert, versteckt sich hinter hohen Bäumen und ist von der Straße aus kaum sichtbar. Dieses architektonische Prunkstück ignoriert die neue Zeit, steht einfach so da, würdevoll und still. Der Garten und die kleine Kapelle sind harmonisch eingebettet in ein barockes Gesamtbild. Springbrunnen, kleine Terrassen, Bassins und steinerne Statuen locken und spielen virtuos mit Licht und Schatten, alles atmet Harmonie, Ruhe und Beständigkeit.

Der Legende nach erstellte Pierre Puget im Jahre 1713 erste Baupläne für die Bastide. Die Brüder Magalon nahmen diese später wieder auf, doch noch vor der Vollendung des Baus wütete in Marseille die Pest und der Namensgeber des Anwesens, **Messire Raphaël de Magalon,** musste sich von ihrem damals 12,5 ha großen Eigentum trennen.

Zu Beginn des 20. Jahrhunderts und nach vielen Besitzerwechseln erbte Madame de Ferry das Anwesen. Die besser unter ihrem Künstlernamen **Marie de Sormiou** bekannt Madame war eine beeindruckende Frau.

Sie ließ das Gebäude aufwendig restaurieren und beauftragte den Landschaftsarchitekten Eduard André, den schlichten Park zu einem **prunkvollen französischen Garten** umzugestalten. Marie de Sormiou, die Gedichte schrieb und veröffentlichte, organisierte Soireen und Konzerte, versammelte **Künstler und Intellektuelle** um sich und ließ das Magalone in gesellschaftlichem Glanz erstrahlen.

„Maman Fée" nennt Chantal de Buzonnière ihre Großmutter Marie de Sormiou noch heute und beschreibt sie als glücklichen Menschen und naturverbundene Frau, deren wichtigste Worte „Dieu" (Gott) und „c'est beau" (das ist schön) waren. Die Enkelin erbte im Jahr 1964 den gesamten Besitz, der im Laufe der Zeit durch angrenzende Grundstücksfluktuationen auf 1,5 ha geschrumpft war. Zusammen mit ihrem Ehemann Geoffroy lebte sie mehr als 20 Jahre in der Bastide. Ende der 1980er-Jahre verkauften die Buzonnières ihren Besitz an die Stadt Marseille. Das Hauptgebäude beherbergt seit dieser Zeit die Vereinigung **Cité de la Musique.** Mit ihrer reichen Programmgestaltung sowie klassischem Musikunterricht erweckt sie das Magalone zu neuem kulturellen Leben. Das Gemäuer schwingt wieder im Takt der guten alten Tradition, die Madame de Sormiou jahrzehntelang pflegte.

Es lohnt sich, einzutreten und einen Moment im „Grand Salon" zu verweilen. Oder aber die Treppen hochzuschreiten und zwischen den alten Mauern mit ihren aufwendigen Bordüren und Fresken in die Vergangenheit zu reisen. Die Cité de la Musique veranstaltet regelmäßig klassische Konzerte auf dem Anwesen, sommers im Park und zur Winterzeit im Gebäudeinneren. Es sind eben diese Abende, an denen La Magalone seine Seele wiederfindet.

› La Magalone, Tel. +33 (0) 491711283, www.citemusique-marseille.com, 245 bis Boulevard Michelet, Metro bis zum Rond-Point du Prado, dann Buslinie 21, Haltestelle Le Corbusier, Jardin de la Magalone geöffnet: tägl. ab 8 Uhr, je nach Jahreszeit bis 17.15 bzw. 19.45 Uhr, Eintritt in die Bastide zu Öffnungszeiten der Musikschule

40 Obélisque ★ [S. 140]

An der südlichen Stadtausfahrt, dem Rond-Point de Marzagues, reckt sich der **13 m hohe Obelisk** mitten im lärmenden Kreisverkehr in den Himmel. An der Nordseite der sich nach oben verjüngenden, eckigen Steinsäule ist eine Infotafel montiert. Gleich darunter hat ein Löwenkopfornament die giftigen Abgase des Autokarussells überlebt. Auf den anderen Flächen gibt es keine Verzierungen mehr – die Zeit hat geknabbert. Der einzige karge Schmuck ist ein kleiner Blumenring, der den Sockel zaghaft und fast zärtlich umrundet. Ursprünglich war der Obelisk im Jahre 1811 nach den Plänen des Architekten Michel-Robert Penchaud auf dem **Place Castellane** 31 errichtet worden. 100 Jahre später wurde er demontiert und durch den monumentalen Springbrunnen von Jules Cantini ersetzt. Der Obelisk wurde Stein für Stein wieder aufgebaut und fand so seine neue Heimat am Rond-Point de Mazargues. Von hier aus ist leicht das Dörfchen **Marzargues** zu erreichen, und das ist wirklich einen Spaziergang wert. Über den Boulevard de la Concorde kommt man direkt in das Zentrum des kleinen Ortes, das mit seinen typischen Marktfleckchen und den bunten Läden sein provenzalisches Gesicht bewahrt hat.

An der Küste entlang

Die Stadt und das Meer sind untrennbar miteinander verbunden. Nicht nur wegen „Historie und Hafen“, sondern auch sichtbar und ablesbar in den kleinen Fischerdörfern an der Peripherie, den kilometerlangen Küstenpromenaden und den vorgelagerten Inseln.

41 Corniche Kennedy ★★★ [B5]

Am Plage des Catalans trifft man auf das Meer, eben da, wo die Corniche Kennedy, die Küstenstraße, beginnt. Dieser erste nahe Kontakt ist wunderbar und berührend und nach einem kurzen Begrüßungsritual geht es in ständiger Begleitung des Meeres los gen Süden.

Die Corniche Kennedy ist **fast 4 km lang** und führt bis auf eine kurze Strecke durch den unteren Zipfel des Quartiers Endoume immer direkt an der Küste entlang. Konstruiert wurde der ehemalige Chemin de la Corniche in zwei Bauabschnitten: Der erste (1848–1851) begann im Süden von Marseille und endete an der Bucht Fausse Monnaie, der zweite wurde 10 Jahre später realisiert und führte bis zum Plage des Catalanes. Nach der Ermordung des amerikanischen Präsidenten im Jahre 1963 wurde der Küstenweg in die Corniche du Président-John-F.-Kennedy umbenannt.

Nicht weit vom Plage des Catalans entfernt wird es feierlich, zur Rechten erscheint das Porte d'Orient, ein monumentaler Torbogen, der zu Ehren der im Orient gefallenen französischen Soldaten gebaut wurde. Den Entwurf haben der Architekt Castel und der Bildhauer Sartorio zu verantworten, ein wahrlich unübersehbares und fast bedrohlich wirkendes Erinnerungsstück. Da bietet es sich an, schnell zum pittoresken **Vallon des Auffes** mit seinen wellblechgedeckten *cabanons* („Fischerhütten“), die wie Bienenwaben aneinanderkleben, hinabzusteigen. Und vielleicht einen Moment innezuhalten, sich an den Rand des winzigen Hafenbeckens zu setzen und durch das Panoramafenster der Viaduktsäulen hinaus aufs Wasser zu schauen.

Es fällt fast schwer, die prickelnde Nähe zum Meer für eine kurze Zeit aufzukündigen und einen Spaziergang durch das sehr „französische“ **Endoume** zu machen. Eine Espressopause in der Bar de la Grande Terrasse (s. rechts) oder eine köstliche Pizza bei Rodolphe (s. rechts) mitten im Dorf gefällig? Allemal lohnt es sich, durch das Labyrinth von winkeligen und engen Gassen ans Meer zu spazieren. Hier stehen alte Fischerhäuser Wand an Wand mit den Häusern der Möchtegerne und den Villen der wirklich Reichen. Still und verschwiegen ist es in diesem Viertel, die laute Corniche scheint weit entfernt. Ein kurzes Sonnenbad wärmt das Herz und bräunt die Nase: Die windgeschützten Felsen unterhalb des Hotel-Restaurants Le Petit Nice Passédat eignen sich dafür ausgezeichnet.

Wieder oben auf der Küstenstraße überquert man die **Bucht Fausse Monnaie.** Bei der Errichtung des Viaduktes waren Teile einer Falschgeldausrüstung gefunden worden, daher der Name „Brücke des Falschgeldes“ (Pont de la Fausse Monnaie). Oberhalb der Promenade (nach den Kurven) errichteten reiche Händler im

⊡ Blick auf die Dächer der Endoumer Viertel Maldormé und Malmousque

EXTRATIPP

Kulinarisches an der Corniche

121 [A7] **Bar de la Grande Terrasse** €-€€, 108 Corniche du Président-John-F.-Kennedy, Buslinie 83 bis Endoume, Tel. +33 (0) 491520268, geöffnet: tägl. 7–2 Uhr. Gastlichkeit ist das Motto der Brüder Philippe, Alain und Didier. Sie bieten Kaffee, Snacks und preiswerte Tagesgerichte an. Donnerstags serviert „Mammie" Dubarry eine ihrer Spezialitäten: Couscous, Paella oder Aïoli. Zu Spielen von Olympique de Marseille finden sich Familie und Gäste vor dem Bildschirm wieder. Und dann ist hier richtig Stimmung!

122 [B5] **Eden Roc** €€-€€€, 52 Corniche du Président-John-F.-Kennedy, Buslinie 83 bis Catalans oder Corniche Fregier, Tel. +33 (0) 491310666, www.restaurant-edenroc.fr, geöffnet: Di.–So. 12–14 und 19–23 Uhr, samstagmittags geschlossen. Direkt an der brodelnden Corniche und am Wasser mit atemberaubendem Blick aufs Meer und die Inseln. Einfache und zugleich herzhafte Marseiller Gerichte kreiert aus provenzalischen, italienischen und korsischen Produkten. Hier mundet es köstlich!

123 [B6] **Peron** €€€-€€€€, 56 Corniche du Président-John-F.-Kennedy, Buslinie 83 bis Corniche Frégier, Tel. +33 (0) 491521522, www.restaurant-peron.com, geöffnet: täglich 12–14 und 20–22 Uhr. Direkt über dem Meer gelegen, die Inseln zum Greifen nah und eine Küche zum Zungeschnalzen, was gibt es da noch zu kritisieren? Einzig den Umstand, dass sich nicht jeder bei den (berechtigten) Preisen tagtäglich in diesem Restaurantparadies verlustieren kann. Vorspeise, Hauptgang und Nachtisch lassen sich ab 65 € genießen.

124 [B7] **Pizzeria L'eau à la bouche** €-€€, 120 Corniche du Président-John-F.-Kennedy, Buslinie 83 bis Endoume, Tel. +33 (0) 491521616, www.pizzerialeaualabouche.fr, geöffnet: tägl. 11–15 und 18–23 Uhr, Mo. und Di. geschlossen. **Rodolphe** hat sich mit seinem kleinen Restaurant in einem „schicken" Viertel von Marseille etabliert, trotzdem ist das Publikum bunt gemischt. Einen „dünkelfreien Ort" nennt Rodolphe sein Lokal, in dem eine der besten Pizzen der Stadt serviert. Unbedingt einen Tisch reservieren oder die Pizza mitnehmen und am Meer genießen. Pizzen zwischen 14 und 19 €.

052ml Abb.: mb

19. Jh. Residenzen wie die Villa Valmer und das Château Berger inmitten von üppigen Gärten. (Einmal die Corniche verlassen und durch den **Parc Valmer** schlendern, Oleander schnuppern und im Schatten von Palmen und uralten Olivenbäumen rasten!)

Bis Mitte der 1950er-Jahre fuhr auf dem Küstenweg übrigens die Tram, heute gibt es nur noch die Buslinie 83 und viel zu viele Autos. Empfohlen sei aber der Fußmarsch, angeschoben von der warmen Brise und lautstark begleitet von der Brandung. Denn wo, wenn nicht hier, hat man schon mal die Möglichkeit, sich auf einer **1,8 Kilometer langen Betonbank** zigmal ausruhen zu können! Außerdem ist die rekordverdächtig lange Bank frühmorgens und allabendlich beliebter Treffpunkt für Angler und Jogger.

Lust auf eine kleine Erfrischung? Wenn der **Plage du Prophète** erreicht ist, geht es runter an den Strand und ab ins Wasser. Wer es ganz sportlich mag, kann sich auch in eines der Volleyball- oder Soccerteams einreihen.

Die Corniche Kennedy verabschiedet sich mit einem beeindruckenden Objekt des Marseiller Bildhauers César, das „Monument aux rapatriés d'Afrique du Nord", dem einzelnen Flügel einer stählernen Schiffsschraube, und setzt damit den Heimkehrern aus Nordafrika ein Denkmal.

Auf der ganzen Strecke wäre eine attraktivere Begleitung als das weite Meer kaum vorstellbar gewesen! *Adieu Corniche!*

42 Vom Parc Balnéaire du Prado zum Pointe-Rouge ★★ [F11]

Zu einem attraktiven Strand gehören Sonne, Wasser und Sand. Was tun, wenn eine der Ingredienzen, eben eine große Sandfläche, fehlt? Man karrt das kostbare Material heran und schüttet es tonnenweise vor der Küste ins Meer. Und wenn das in ausreichender Menge geschieht, entsteht über kurz oder lang ein schöner, weitläufiger Strand wie der **Parc Balnéaire du Prado.** So geschehen in den 1970er-Jahren während der Amtszeit des Bürgermeisters Gaston Defferre. Das fein vermahlene steinige Erdreich stammt aus den Schächten der beiden neuen Metrolinien und bekam ein zweites Leben, ein Strandleben eben. Eine kluge Maßnahme der städtischen Administration. Marseille hatte nun endlich einen richtigen *beach* von fast kalifornischen Ausmaßen: Hier stehen bunte Drachen am Himmel, es wird Volleyball und Fußball gespielt, Kinder planschen im seichten Wasser und studiogeformte Körper in knappen Höschen stolzieren unter den neidischen Blicken gewichtiger Familienväter an der Wasserlinie auf und ab.

Wer vom Strandleben genug hat, kann im nahen **Parc Borély** Grünes und Schatten finden. Einen kleinen Fußmarsch weiter, vorbei am Prado-Kreisel mit der Nachbildung des „David“ von Michelangelo (Cantini/Anfang des 20. Jh.) und über den kleinen Fluss Huveaune hinweg, erreicht man diese großzügige Parkanlage. Louis Borély, ein reicher Händler aus Marseille, hat sich mit einem prächtigen Schloss auf dem Gelände unsterblich gemacht (Auf jeden Fall hineinschauen, hier ist das **Musée des Arts décoratifs et de la mode** untergebracht, s. S. 36). Die liebevoll angelegten Brunnen und Teiche, der den Sinnen schmeichelnde Rosengarten, die schönen alten Bäume, der Jardin botanique („botanische Garten“), die Steingärten und Skulpturen und das kleine Café sind ein Eldorado für Jogger und Bummler.

An der Avenue Pierre Mendès France entlang reiht sich Strandabschnitt an Strandabschnitt wie Perlen auf einer Kette, bis man auf den *port de plaisance* (Jachthafen) des **Pointe-Rouge** stößt: eine moderne Marina in einem Areal, das alle maritim-sportiven Bedürfnisse erfüllt. Die

053ml Abb.: mb

◁ *Großzügige Strand- und Freizeitanlage vom Parc Balnéaire du Prado bis zum Pointe-Rouge* weite Bucht eignet sich wegen der zumeist auflandigen Winde vorzüglich für Surfer. Die Terrassen der zahlreichen Brasserien sind eine ideale Tribüne, um beim obligatorischen Apéro die Regattakämpfe der bunten Segelboote auf dem glitzernden Meer zu beobachten.

Wenn man sich gegen Abend mit schmerzenden Waden und verbrannten Schultern vom *plage* verabschiedet, geschieht das mit einem fröhlichen *à demain* (bis morgen). Damit ist alles gesagt.

43 Les Goudes ★★★ [Faltplan]

Wie kommt man nach Les Goudes? Die stereotype Antwort der Einheimischen: „Immer an der Küste entlang in Richtung Süden und wenn es nicht mehr weiter geht, ist man da.“ Weniger Wegbeschreibung geht nicht.

Man muss sich auf die *tour dans le sud* einlassen. Keine 15 km sind es vom Vieux-Port 1 bis zum Ziel. Nachdem man das Örtchen La Madraque de Montredon passiert hat, geht es auf einer engen und kurvigen Straße weiter. Kahler Felsen, nur Geröll und Steine, die karge Landschaft würde fremd, fast abweisend wirken, wenn da nicht das Meer zur Rechten wäre: Es ist unmöglich, sich seiner Faszination zu entziehen und schwer, nicht immer wieder anzuhalten und auf das ständig **wechselnde Blau der Bucht** hinauszustarren.

Der Ortseingang von Les Goudes ist nicht zu verfehlen, liegt doch mitten auf der Straße ein *pointu,* das klassisch-mediterrane Fischerboot, ein unmissverständlicher Hinweis auf die ursprüngliche Tätigkeit der Dorfbewohner, die Fischerei. Von hier aus kann man schon den **idyllischen Hafen** sehen, Boote aller Art dümpeln träge im Sonnenlicht und 500 m weiter, im Herzen des Ortes, laden ein paar Restaurants zu frischem Fisch ein. Kleine Häuser und spartanische Fischerhütten, die *cabanons,* überragen den Port. Einst fast immer ohne Plan und Genehmigung aufgebaut, sind die *cabanons* heute eine Art Zweitwohnsitz der Marseiller – „Schrebergärten“ unter südlicher Sonne. Man schraubt, streicht und putzt die Hütte heraus, man macht in Familie oder ist unter Freunden, teilt Wein und Bouillabaisse.

Und weiter geht es zum **Cap Croisette.** Die Straße wird noch schmaler und holpriger, die Landschaft noch unversöhnlicher und einziger Hinweis auf menschliches Leben sind windschiefe Strommasten. Vom kleinen Parkplatz aus kraxelt man Richtung Baie des Singes und das heisere Geschrei der Möwen und Sturmtaucher, die auf der zum Greifen nahen Insel Maïre nisten, ist dabei einladende Wandermusik.

Um an die Bucht und an Marseilles „Land's End“ zu gelangen, geht man am Restaurant La Baie des Singes

EXTRATIPP

Schlafen und urlauben wie Gott in Frankreich

Ein Katzensprung von den Calanques und nur 3,5 km von den Prado-Stränden entfernt befindet sich das Hôtel96, ein grünes Nest, eine Oase der Stille. 12 sehr unterschiedliche Zimmer stehen zur Auswahl, jedes für sich 100% stil- und geschmackvoll. U.a. gibt es „Retro“, „Marseille“, „Holz und Eisen“, selbstverständlich mit hochwertiger Bettwäsche, Mini-Bar, Klimaanlage, WLAN und Pool! Ein wirklich ausgefallener Ort.

120 **Hôtel96** €€, 96 Avenue de la Soude, Tel. +33 (0) 491719022, www.hotel96.com

054ml Abb.: mb

(nur in den Sommermonaten geöffnet!) und an einem Tauchzentrum vorbei geradewegs zum Meer hinunter. Das Cap Croisette ist erreicht und der Rundumblick wahrlich großartig. Links die gigantische Ile Maïre, gleich gegenüber die kleine Ile Tiboulen mit einem Kreuz auf ihrem Buckel (beide gehören zum Archipel de Riou) und in ungefähr 15 km Küstenentfernung das Ilot Planier, ein Inselchen, das bereits seit 1320 die Route der Seefahrer markiert. Zeit existiert hier nicht, nur Licht, Meer und Wind. Unglaublich, dass Les Goudes noch zu Marseille gehört, unglaublich, wie weit weg die Stadt gerade jetzt ist.

› Anfahrt mit dem Bus: Linie 83 bis La Plage, umsteigen in Linie 19 bis La Madrague de Montredon, dann Linie 20 bis Les Goudes

Die Frioul-Inseln vor der Haustür von Marseille

44 Iles du Frioul ★★★ [Faltplan]

Wer früher auf die Inselgruppe Frioul verschifft wurde, war entweder Verbrecher, Soldat oder schwerkrank. Heute ist der Besuch der Inseln für jeden das absolute Muss. Die strategisch exponierte Lage der Iles du Frioul **If**, **Ratonneau** (im Norden), **Pomègues** (im Süden) und des Ilot **Tiboulen** hat über viele Jahrhunderte ihre wechselnden Aufgaben bestimmt. Als natürliche Barriere und erste Frontlinie gegen feindliche Angriffe von der Meerseite wurden auf dem vier Kilometer westlich vor Marseille gelegenen Archipel schon vor 500 Jahren weitläufige **Festungsanlagen** gebaut. Die Forts von Ratonneau und Pomègues wurden Ende des Zweiten Weltkrieges bei Bombardements der Alliierten gegen die deutschen Besatzer weitgehend zerstört. Das *château* auf der Insel If überlebte das Inferno dagegen nahezu unbeschädigt.

Zweifelhafte Berühmtheit erlangten Ratonneau und Pomègues als **Quarantänestationen.** Schon im 17. Jh. wurden hier seuchenverdächtige Schiffe vor der Einfahrt in den Hafen von Marseille gestoppt. Etwa zeitgleich zum Gelbfieber von 1820 wurden diese beiden größten Frioul-Inseln nach den Plänen des Architekten Michel-Robert Penchaud durch einen 361m langen Damm, den **Digue de Berry**, miteinander verbunden. Das nach außen abgeriegelte Becken war jetzt der offizielle Quarantänehafen der Stadt und sollte helfen, neuerliche Seuchen abzuwehren. Heute wird er als **Segel- und Versorgungshafen** genutzt. An seinem Ufer wurde 1974 das Retortendorf **Port Frioul** aufgebaut, Start- und Zielpunkt für eine Wanderung über die Inseln und immerhin gut für die Stärkung davor oder die Pause danach.

Auf Ratonneau sind noch zwei weitere Bauwerke vom Architekten Penchaud zu sehen: eine kleine Kapelle (oberhalb der Hafenpromenade) aus dem Jahr 1838 nach dem Vorbild eines antiken Tempels und das riesige **Hôpital Caroline**, das als Quarantänekrankenhaus diente und für die damalige Zeit mit seinen strengen hygienischen Vorschriften eine vorbildlich geführte sanitäre Einrichtung war. Die Armee nutzte das Hôpital später als Basislager für die Soldaten der nordafrikanischen Kolonien. Heutzutage werden sommers Ausstellungen und andere kulturelle Aktionen angeboten.

Vor den beiden Hauptinseln gelegen und zum Greifen nahe ragt das **Château d'If** mit seinen weißen Festungsmauern aus dem Meer. **Alexandre Dumas** machte es zum Schauplatz seines berühmten Mantel- und Degenromans „Der Graf von Monte Christo". Niemanden stört es, dass die spannende Geschichte weder hier noch überhaupt stattgefunden hat. Nie sind Dantès und sein Freund Abbé Faria in den If-Kerkern eingesperrt gewesen, aber wer die düsteren Zellen der Burg betritt, kann sich leicht von der bedrückenden Atmosphäre „gefangen" nehmen lassen. Mit ein bisschen Fantasie sind das Stöhnen der Verurteilten, das Degengeklirr und das Gebrüll des Wachpersonals noch immer zu hören, denn das *château* war tatsächlich jahrhundertelang eines der finstersten **Gefängnisse** Frankreichs. Nicht nur kleine Schurken und aufmüpfige Galeerensklaven vegetierten hinter den dicken Mauern, auch unzählige Protestanten verschwanden nach den religiösen Säuberungen des 17. Jahrhunderts für immer in den Verliesen.

Wahr ist auch die Geschichte des **Nashorns „Rhineau"**: Als der französische König **François I.** im Jahre 1516 das Eiland If besuchte, traf der überraschte Potentat auf ein äsendes Nashorn. Das exotische Tier hatte bereits eine halbe Weltreise hinter sich, war es doch das Geschenk eines indischen Maharadschas an den König von Portugal. Der jedoch wollte das gepanzerte Riesenteil an den Papst Leo X. in Rom weiterreichen. So also kam das *rhinocéros* in den Genuss, sich eine Weile auf französischem Territorium aufzuhalten. Während der Weiterfahrt nach Italien zerschellte das Segelschiff. Das Tier ersoff, wurde angeschwemmt und ausgestopft. Es ist nicht überliefert, ob der Papst sich über das Geschenk gefreut hat. Fakt hingegen ist, dass **Albrecht Dürer** einen Holzschnitt nach einer Skizze dieses Tieres fertigte und das Rhinozeros damit zum berühmtesten der Kunstgeschichte machte.

Das Archipel Frioul ist ein Eldorado für Freunde unberührter Natur. Bizarre Felsen, verschwiegene Buchten und kleine Strände locken und eine erstaunliche Vielfalt an seltenen Vögeln, Insekten, Schnecken und Reptilien hat sich unter diesen kargen Bedingungen entwickelt. Ein XXL-Terrarium, von klarem Wasser umspült und von strahlendem Südlicht illuminiert.

Wenn man mit der Fähre zur Stadt zurückfährt, hat man eine überwältigende Aussicht auf Marseille, das sich um den Vieux-Port 1 herum an den Hängen wie ein riesiges Amphitheater aufbaut. Eine der Schönheit dieser Stadt wahrlich angemessene Anreise.

› **Die Frioul-Inseln**, Tel. +33 (0) 491465465, www.lepilote.com. Der „Frioul-If-Express" startet regelmäßig vom „quai des Belges" auf die Inseln. Unbedingt den aktuellen Fahrplan am Schalter des Quais oder im Office du Tourisme erfragen. Wetterbedingte Fahrplanänderungen sind möglich.

45 Das andere Marseille – L'Estaque ★★ [Faltplan]

Wenn man in die Buslinie 35 steigt und am Meer entlang gen Norden am neuen Hafen vorbeifährt, von wo aus die riesigen Fähren nach Korsika und Afrika starten, liegt nach einer etwa halbstündigen Fahrt das Ziel vor einem: L'Estaque. Das ehemalige Fischerdorf wurde 1946 eingemeindet und gehört seitdem zu Marseille, doch es hat dadurch nur wenig von seinem früheren Selbstbewusstsein eingebüßt.

Für Historiker ist L'Estaque die **Wiege der modernen Malerei**, sein Name ist eng mit den Stilen Impressionismus, Fauvismus und Kubismus verbunden, die die Arbeit ganzer Künst-

055ml Abb.: mb

Bei Magali in L'Estaque gibt es traditionelles Gebäck

056ml Abb.: mb

Dümpelnde Barken vor dem großen Lanzenstechen (s. S. 106)

lergenerationen geprägt haben. Welcher Ort kann sich schon rühmen, von 1860 bis 1920 so viel renommierte Kunstschaffende in seinen Mauern beherbergt zu haben? **Cézanne, Braque, Macke, Renoir, Monticelli** und andere haben sich hier inspirieren lassen und mit ihren Werken das Viertel unsterblich gemacht. Ein wenig von dieser Einmaligkeit und dem besonderen Flair der damaligen Zeit ist auch heute noch spürbar. Natürlich hat sich über die Jahre der Alltag der kleinen Leute verändert, aus Fischern wurden Arbeiter in den Ziegeleien und im neuen Hafen. Dennoch würde wohl niemand so schnell das Leben in diesem Ort gegen ein anderes eintauschen.

Bevor man den Weg durch das Dorf beginnt, muss man unbedingt die „Chichis frégis" probieren, ein süß-schweres leckeres Gebäck, das es nur hier gibt. Beim Aufstieg durch schmale Gässchen auf dem ausgeschilderten **Chemin des Peintres** („Weg der Maler") erreicht man die Eglise Saint-Pierre-ès-Liens. Neben der schlichten Kirche steht ein kleines Haus, das von Cézanne immer mal wieder bewohnt wurde. Der besondere Reiz dieses Platzes aber liegt in der freien Sicht auf die Bucht von Marseille. Hier oben wird sehr deutlich, was Künstler zum Bleiben und Arbeiten animiert hat: das weiche Grün der Hügel hinten, die ockergelben Hausgiebel vorne, darüber ausgebreitet das Raster der roten Dachziegel, alles gebunden und gerahmt durch das unglaubliche Blau der Bucht. Ein nahezu perfektes Zusammenspiel von Formen und Farben.

Der Spaziergang durch das Viertel ist anregend und informativ und der Besuch skurriler Bastiden wie das Château Fallet und die Villa de Palestine, die zu Beginn des 20. Jahrhunderts entstanden sind, gehört eindeutig dazu.

Zurück am Meer präsentiert sich das **moderne** L'Estaque. Neue Bouleplätze sind planiert, der Yachthafen ist vergrößert worden und eine großzügige Anlage mit Freilichtbühne für Musik und Kleinkunst ist entstanden.

Am Hafen kann man noch ein wenig das erstaunliche Spiel der örtlichen Bouleprominenz genießen und wenn man zur rechten Zeit den richtigen Platz findet, erlebt man noch ein wirklich einmaliges Spektakel, das **Marseiller Lanzenstechen:** Draußen im Hafen rudern zwei Mannschaften in kleinen Barken aufeinander zu. Kämpfer mit langen Lanzen stehen auf seitlichen „Sprungbrettern" und versuchen sich zum großen Vergnügen der Zuschauer gegenseitig ins Wasser zu stoßen. Was sind schon die Spiele von Olympique de Marseille gegen diese heiteren Kämpfe der Balancemeister der „Fine Lance" aus L'Estaque! Zum Abschied gibt es zur Belohnung dann noch eine Portion **„panisses"** (frittierter Kichererbsenbrei), eine regionale Spezialität, die man probieren sollte. Sport macht schließlich hungrig.

› Mit der Buslinie Nr. 35 oder mit dem Auto: Am Vieux-Port auf die Autobahn Nord (55) Richtung Marignane/Aix-Fos-Lyon/Les Ports, Abfahrt L'Estaque (Nr. 5), dann den Schildern nach L'Estaque folgen, Gesamtstrecke 11 km. Wettkampftermine des Lanzenstechens erfährt man im Touristenbüro (s. S. 111).

PRAKTISCHE REISETIPPS

005ml Abb.: mb

An- und Rückreise

Mit dem Auto

Wer in Deutschland auf der A5 Richtung Süden fährt, Freiburg links liegen lässt und am Dreieck Neuenburg auf die A36 wechselt, hat bald die französische Grenze erreicht. Von hier aus sind es nur noch 745 km (an Lyon vorbei) bis Marseille. Auf französischen Autobahnen muss grundsätzlich eine **Mautgebühr** *(péage)* entrichtet werden, für die Strecke bis zum Mittelmeer sollte man mit rund 55 € rechnen. Nähere Informationen findet man unter www.autoroutes.fr.

Seit 2014 gibt es elektronische Mautplaketten der Firma **Bip&Go.** Über www.bipandgo.com/de kann man schon vor seiner Frankreichreise eine Plakette erwerben. Diese wird dann an den Ein- und Ausfahrten der Autobahnen erkannt und die Mautkosten werden automatisch vom Bankkonto abgezogen. Langes Warten an Mautstellen gehört damit der Vergangenheit an.

Die Reise von Deutschland über die **vignettenpflichtige Schweiz** (Genf–Chambéry bzw. Genf–Lyon) nach Marseille ist genauso lang, aber wegen der Gebirge geht es etwas langsamer voran. Österreicher nehmen am besten die Route über Italien nach Marseille.

Es ist sinnvoll, einen **Unfallberichtsbogen** mitzuführen, denn bei Bagatellschäden bemüht sich die französische Polizei selten. Wichtige Unfallhergangsdaten sind dadurch frühzeitig fixiert.

◁ *Vorseite: Am Quai des Belges, Vieux Port* 1

Die **Höchstgeschwindigkeit** beträgt auf französischen Autobahnen 130 km/h, auf vierspurigen Nationalstraßen 110 km/h, auf Landstraßen 90 km/h und innerorts 50 km/h. Bei Regen und nasser Fahrbahn verringern sich diese Begrenzungen um jeweils 10 km/h außerorts und um 20 km/h auf Autobahnen. Achtung, auch bei kleinen Geschwindigkeitsüberschreitungen werden **drastische Strafen** verhängt!

Die Notrufnummern der **Automobilklubs** lauten:

- **ADAC,** www.adac.de, Tel. +33 (0) 825800822 (Zweigstelle in Lyon)
- **TCS,** www.tcs.ch, Tel. +41 (0) 224172220 (Zentrale in der Schweiz)
- **ÖAMTC,** www.oeamtc.at, Tel. + 43 (0) 12512000 (Zentrale in Wien)

Mit der Bahn

Am schnellsten erreicht man die Stadt über Paris. Von der Hauptstadt aus fährt der **TGV** (Train à Grande Vitesse) in drei Stunden bis zum Gare Saint-Charles 22. Seit 2012 gibt es einmal am Tag eine direkte Verbindung Frankfurt–Marseille mit dem Hochgeschwindigkeitszug (knapp 8 Stunden Fahrt). Von Marseilles Hauptbahnhof aus gibt es Verbindungen zu den wichtigsten Bahnhöfen Frankreichs und Europas.

- **Deutsche Bahn,** www.bahn.de
- **Schweizer Bundesbahn,** www.sbb.ch
- **Österreichische Bundesbahn,** www.oebb.at
- **Französische Bahn,** www.sncf.fr

Mit dem Eurobus oder der Mitfahrzentrale

Auf der Internetseite www.eurolines.fr findet man den Fahrplan für **Busreisen** von Deutschland, der Schweiz und Österreich nach Marseille.

In allen drei Ländern werden gegen eine Kostenbeteiligung **Mitfahrgelegenheiten** (z. B. www.mitfahrzentrale.com) angeboten. Eine schöne Alternative zum teuren Alleinreisen.

Mit dem Flugzeug

Der **Flughafen Marseille Provence** liegt in Marignane. Er ist der viertgrößte des Landes und **27 km vom Stadtzentum** entfernt. 2006 eröffnete direkt daneben der **Billigflugterminal mp2**, auf dem eine Handvoll Linien, u. a. Germanwings und Ryanair, Flüge anbieten. Auf der Website des Flughafens findet man alle Informationen zu den Flugplänen.

› www.marseille.aeroport.fr

Vom Flughafen fährt alle 15 Minuten ein **Shuttlebus** (Navette) nach Marseille, die Fahrt kostet 8 € und man benötigt bis zum Hauptbahnhof Saint-Charles 22 eine knappe halbe Stunde. Fahrzeiten des Busses findet man im Internet unter:

› www.navettemarseilleaeroport.com

Autofahren

Verkehr in Marseille

Eine (ironische) Studie über das Konsumverhalten der Franzosen „belegt", dass die Hupe beim Kaufentscheid für ein neues Auto keine unwichtige Rolle spielt. Je schriller und lauter desto besser, ist sie doch äußerst hilfreich beim Kampf um die „pole position" vor der Ampel und zudem universell als Drohfanfare, Warnsignal und Stressventil einsetzbar. Natürlich gelten auch hier allgemeine Verkehrsregeln, aber das sind Bestimmungen aus dem fernen Paris und in Marseille war die

057ml Abb.: mb

„kleine Auflehnung" schon immer anerkannter Lieblingssport. Nur widerwillig wird bei Rot gehalten und Grün ist beileibe kein Garant für freie Fahrt.

Der Verkehr in der Stadt wirkt aus der Distanz so verwirrend und chaotisch wie das Geschiebe beim Autoskooter auf dem Jahrmarkt. Aber wenn man selbst teilnimmt und mitwuselt, ist das System fix erkennbar. Hier hat niemand oder alle haben Recht und wenn es hart auf hart kommt, dann „gewährt man" und „besteht nicht auf".

Und der arme Fußgänger, der auf die andere Straßenseite möchte? Er marschiert gegen den Strom los, schaut nach vorne und um Himmels willen nicht zurück und wird garantiert – das ohrenbetäubende Hupkonzert mag ein wenig stören – heilen Fußes das rettende Ufer erreichen. Fazit: Mit ganz viel Obacht, ein wenig geduldiger Toleranz und Gottes Hilfe klappt es gut mit dem Verkehr in Marseille.

Hinweis für Raucher: Von Mai 2016 an ist das Rauchen im Auto in Gegenwart von Kindern unter 12 Jahren verboten.

⌃ *Fahrvergnügen der besonderen Art an der Corniche Kennedy (s. S. 98)*

Parken

Parkplätze an der Straße sind knapp und montags bis samstags **gebührenpflichtig.** (3 Stunden kosten ab 5 € aufwärts.) An Straßenrändern mit **gelber Markierung** darf nicht geparkt werden! Am besten stellt man sein Fahrzeug in einem Parkhaus ab, die folgenden haben durchgehend geöffnet:

- P125 [G4] **Parking Charles de Gaulle,** 22 Place du Général de Gaulle, Gebühren 2,60 €/Std., 21 €/Tag
- P126 [F4] **Parking Estienne d'Orves,** Cours Honoré d'Estienne d'Orves, 2,30 €/Std., 11,50 €/Tag
- P127 [E3] **Parking Vieux-Port/Hôtel de Ville,** Place Jules Verne, 1,70 €/Std., 11 €/Tag

Empfehlung: Das öffentliche Verkehrsnetz ist gut ausgebaut und alle wichtigen Punkte im Zentrum sind schnell, preiswert und stressarm mit Bus, Tram oder Metro zu erreichen.

Mietwagen

Unter www.billiger-mietwagen.de werden verschiedene Mietwagenanbieter preislich verglichen. Ein gutes Forum, um bereits vor der Reise per Internet ein Auto zu reservieren.

Mietwagenverleiher vor Ort:

- •128 [H2] **Avis,** Gare Saint-Charles/ 31 Boulevard Voltaire Hangar B, Tel. +33 (0) 820611636, www.avis.fr, geöffnet: Mo.,Do./Fr. 7–22.30, Di./Mi. 7–21, Sa. 7–19, sonn- und feiertags 7–20 Uhr
- •129 [H3] **Europcar,** 59 Allées Léon Gambetta, Tel. +33 (0) 491107490, www.europcar.fr, geöffnet: Mo.–Sa. 8–12, 14–18 Uhr, So. 9–12 und 14–17 Uhr, feiertags geschlossen

Barrierefreies Reisen

Menschen mit besonderen Bedürfnissen haben es in Marseille **nicht leicht.** Abgesenkte Bürgersteige sind die Ausnahme, die Benutzung von Metro und Bus ist für Rollstuhlfahrer ohne fremde Hilfe nicht möglich und Veranstaltungsorte sind selten mit Rampen ausgerüstet. Einzig die neue Tramlinie lässt sich barrierefrei benutzen. Weitere Informationen und Unterstützung gibt die Association des Paralysés (APF) de France.

- i130 **APF,** 279 Avenue de la Capelette, Tel. +33 (0) 491799999, www.apf.asso.fr (ausschließlich französischsprachig)

Diplomatische Vertretungen

- •131 [J9] **Generalkonsulat der Bundesrepublik Deutschland,** 338 Avenue du Prado, www.marseille.diplo.de, Tel. +33 (0) 491167520, Metro Rond-Point du Prado
- •132 [G5] **Schweizer Generalkonsulat,** 7 Rue d'Arcole, www.eda.admin.ch/marseille, Tel. +33 (0) 496101410, Metro Estrangin-Préfecture
- •133 [G5] **Österreichisches Honorargeneralkonsulat,** 27 Cours Pierre Puget, Tel. +33 (0) 491530208, Metro Estrangin-Préfecture

Geldfragen

Davon ausgehend, dass man nach Marseille nicht mit einem Sack voller Bargeld aufbricht, kommt man hier mit **Maestro-/EC-** und **Kreditkarte** bestens über die Runden. Die meisten Bankomaten sind kompatibel und

Marseille preiswert

- Die Stadt erkunden und nur einmal zahlen, der **Citypass** machts möglich. Museumsbesuche, Besichtigungstouren, Inselhopping, Verkehrsmittelnutzung, ein paar kleine Vergünstigungen in manchen Geschäften und die Petits Trains (s. S. 117), alles mit drin. Erhältlich im Office du Tourisme (s. S. 111), Preis: ein Tag 24 €, zwei Tage 31 €, drei Tage 39 €.
- In allen **städtischen Museen** können die Dauerausstellungen am ersten Sonntag eines jeden Monats kostenfrei besucht werden!
- Die Fahrt mit dem 83er-Bus: Für 1,50 € (Preis am Kartenautomaten!) die Küstenstraße entlang, göttlich!
- Essen im Sur le Pouce (s. S. 27), im Mido (s. S. 32) oder an einem der 60 Pizzawagen, billig, gut und reichlich.
- Drinks im Viertel rund um den Cours Julien 30.
- Rauf aufs Ferry-Boat, Hafenduft schnüffeln, dem Käpt'n ganz nah sein (s. S. 55).
- Mit Baguette, Käse und Wein ab ans Meer – Schmaus für Gaumen und Seele.

Restaurants und Hotels nehmen die Plastikkärtchen gerne.

Der Süden Frankreichs gilt nicht gerade als preiswert und Marseille bildet da keine Ausnahme: Die **Lebenshaltungskosten** liegen deutlich über dem französischen Durchschnitt. Und natürlich wird an angesagten Touristenorten wie überall auf der Welt noch mal ordentlich zugelangt. So kostet ein Kaffee durchscnittlich um die 1,30 €, am Vieux-Port 1 aber erreicht er mühelos über 2 €. Die durchschnittlichen Übernachtungskosten liegen bei 80 €, Logis für weniger ist die absolute Ausnahme (vor allem in Jugendherberge oder Billighotels zu finden). Das Angebot an Restaurants ist überwältigend, doch Qualität und Preis differieren stark. Aber es gibt sie noch, die kleinen Bistros in den Nebenstraßen, mit einem *plat du jour* unter 10 €.

Man kann sich aber auch auf den **Märkten** im Zentrum (etwa auf dem Cours Julien 30 oder auf dem Marché de Capucins 28, für eine Übersicht der Märkte s. S. 18) günstig mit mediterranen Lebensmitteln eindecken, meistens wird zudem Kleidung für ein paar Euro angeboten. Die **Eintrittspreise** für Kultur, Sport und Events sind angemessen.

Zusammengefasst: Pro Tag und Person sollte man **Kosten** von circa 150 € einplanen, An- und Abreise exklusive. Egal wie die Bilanz für diese Tage ausfällt: Marseille ist es wert!

Informationsquellen

Infostellen in der Stadt

ⓘ134 [F4] **Office du Tourisme et des Congrès,** 11 La Canebière, Tel. +33 (0) 826500500, info@marseille-tourisme.com, www.marseille-tourisme.com, geöffnet: Mo.–Sa. 9–19 Uhr, So. und feiertags 10–17 Uhr, 25. Dez. und 1. Jan. geschlossen. Informationen rund um die Stadt, Prospekte zu Veranstaltungen, Hotel- und Restaurantverzeichnisse, Reservierungen, Ticketservice.

ⓘ135 [G3] **Espace Culture,** 42 La Canebière, Tel. +33 (0) 496110460, www.espaceculture.net, Mo.–Sa. 10–18.45 Uhr, im August 14–18.45 Uhr, So. /Fe. geschl. Informationsbörse (wo passiert wann was?) und Kartenservice für das kulturelle Angebot in der Stadt.

EXTRATIPP

Deutschsprachige Zeitungen und Zeitschriften

136 [G2] **RELAY,** Gare Saint-Charles, Quai I-J, geöffnet: Mo.-Sa. 6.30-21, Fr. bis 22, So. 7-21.30 Uhr. Zeitschriftenhändler mit großem Angebot an internationaler Presse.

137 [G3] **Bibliothek Alcazar,** 58 Cours Belsunce, Tel. +33 (0) 491559000, www.bmvr.marseille.fr, geöffnet: Di.-Sa. 11-19 Uhr, feiertags geschlossen. „Spiegel", „Zeit", „Stern" usw. liegen im Erdgeschoss der Bibliothek aus.

Meine Literaturtipps

*„Die Marseille-Trilogie", „Aldebaran", „Die Sonne der Sterbenden", „Leben macht müde" oder „Izzo's Marseille", in den Romanen des berühmten Schriftstellers **Jean-Claude Izzo** steht „seine" Stadt immer im Mittelpunkt. In „Die Wasser der Hügel" und „Eine Kindheit in der Provence" erzählt **Marcel Pagnol** detailgenau und mit Poesie Geschichten aus seiner südfranzösichen Heimat. In „Transit Marseille: Filmgeschichte einer Mittelmeermetropole" gibt **Daniel Winkler** eine kulturwissenschaftliche Betrachtung der Filmstadt Marseille ab, interessant, vielschichtig, einfach lohnenswert! Dem Autoren **Daniel Tödt** ist es in seinem Buch „Vom Planeten Mars: Rap in Marseille und das Imaginäre der Stadt" famos gelungen, die Besonderheit des Marseiller Rap zu entschlüsseln, ist doch diese Musik viel mehr als eine lokale Variante des amerikanischen Hip-Hop. „Planet Mars" ist eine informative Symbiose von Musik- und Stadtgeschichte.*

Die Stadt im Internet

- **www.marseille.fr.** Die offizielle Website der Stadt.
- **www.marseille-autrement.fr.** Marseille abseits der bekannten Pfade. Zahlreiche alternative Veranstaltungstipps (nur auf Französisch).
- **www.rendezvousenfrance.com.** Die Internetpräsenz des Maison de la France.
- **www.euromediterranee.fr.** Infos zu den umwälzenden urbanen Sanierungsmaßnahmen.
- **www.citadingue.com.** Studentischer Wegweiser durch die Stadt.
- **www.hamburg.de/marseille.** Infos zur Städtepartnerschaft Marseilles mit Hamburg.

Publikationen und Medien

- **La Provence** und **La Marseillaise.** Regionale Tageszeitungen
- **L'Hebdo Marseille.** Wochenblatt mit Veranstaltungskalender und Kinoprogramm
- **Ventilo.** 14-tägig aufgelegte Agenda zu (kulturellen) Events, die gratis ausliegt
- **IN SITU.** Kulturkladde vom Espace Culture (s. S. 111), monatlich, umfangreich, umsonst
- **A Nous (Marseille/Aix-en-Provence).** Hippes, 14-tägig erscheinendes Gratisblatt mit aktuellen Infos aus der Szene

Marseille-Apps

- **Marseille TRANSPORT:** Infos über den öffentlichen Nahverkehr Marseilles (kostenlos für Android)
- **Univélo Marseille:** Vélo, das Fahrradverleihsystem in Marseille, mit Stationen und Verfügbarkeit der Räder (0,89 € für iOS und kostenlos für Android)
- **13 Grandeur Nature:** Von der Camargue zu den Calanques – Anfahrt, Wanderwege, Infos (kostenlos für Android und iOS)

› **Marseille Sons:** Die Kulturhauptstadt 2013 und die Region stellen sich mit Musik, Reportagen und Literatur aus dem Archiv des Radio France vor (kostenlos für Android und iOS).

Internet

Es gibt vor allem in den Quartiers um die Metrostation Noailles [H3] und um den Cours Belsunce 24 etliche Internetcafés. Sie sind in den „Telefonbuden", den sogenannten „Taxiphone", untergebracht, aber viele sind von minderer Qualität (veraltete Geräte, provisorisches Interieur, mühsamer Systemeinstieg). Der hier aufgeführte Copyshop liegt zentral am Vieux-Port 1 und verfügt über eine Handvoll Computer zum Surfen oder Mailen.

@138 [F3] **Alpha Net**, 22 Rue Coutellerie, Tel. +33 (0) 951677573, geöffnet täglich 8–21 Uhr

Medizinische Versorgung

Für den Fall einer Krankheit im Ausland sollte man auf jeden Fall die **Europäische Versicherungskarte** dabei haben, die man von seiner Krankenkasse erhält. Damit ist eine Standardversorgung im akuten Krankheitsfall garantiert. Die **Kosten** müssen in den meisten Fällen zunächst selbst übernommen werden. Die Rechnungen und Quittungen werden dann in der Heimat der Krankenkasse für die Erstattung vorgelegt. (Also unbedingt aufbewahren!) Über zusätzliche Leistungen sollte man sich bei dem jeweiligen Versicherer informieren.

EXTRATIPP

Bei einer Erkrankung ist es sinnvoll, in einer **Apotheke nach dem zuständigen Arzt zu fragen.** Die Apotheken erkennt man an Leuchtkästen mit flackernden grünen Neonkreuzen.

Krankenhäuser

✚139 [L5] **Centre Hospitalier Universitaire La Timone,** 264 Rue Saint-Pierre, Tel. +33 (0) 491380000, www.ap-hm.fr, Metro La Timone

✚140 **Hôpital Europeen Marseille,** 6 Rue Désirée Clary, Tel. +33 (0) 413427000, www.hopital-europeen.fr, Metro Linie 2 Station Désirée Clary, Tramway Linie 2 Station Euroméditerranée/Gantès

✚141 [J8] **L'Hôpital Saint-Joseph,** 26 Boulevard de Louvain, Tel. +33 (0) 491806500, www.hopital-saint-joseph.fr, Metro Rond-Point du Prado

Apotheken

Unter der Telefonnummer 3237 und auch auf der Internetseite http://pharmaciedujardin.free.fr/pages/gardes.htm erfährt man, welche Apotheken in der Nacht, am Wochenende und am Feiertag **Notdienst** haben. Zentrumsnah liegen folgende Apotheken:

✚142 [F3] **Pharmacie du Ferry,** 50 Quai du Port, Tel. +33 (0) 491907954, geöffnet: Mo.–Sa. 9–19.30 Uhr

✚143 [F3] **Pharmacie du Vieux-Port,** 4 Quai du Port, Tel. +33 (0) 491900057, geöffnet: Mo.–Sa. 9–20 Uhr, So. 8–20 Uhr, Mo. 13–14 Uhr und Sa. 12.30–14.30 geschlossen

Mit Kindern unterwegs

Man könnte meinen, die Metropole sei eigentlich nur etwas für Erwachsene. Autos, Hitze, Hektik, wo bleiben da die Bedürfnisse der Kids? Marseille ist aber vergleichsweise privilegiert, hat es doch das Meer direkt vor der Nase. Das bedeutet, wenn nichts mehr geht, geht es an den **Prado-Strand** 42, eine eigene Sandburg, das hat doch was. Oder man macht mit den kleinen Freibeutern eine Bootsfahrt zu den **Iles du Frioul** 44. Toll ist es auch, in der **Bimmelbahn** (s. S. 117) durch die Straßen zu rollen, Startbahnhof ist der Quai du Port Nr. 174 (150 m vom Rathaus 2 Richtung Fort Saint-Jean entfernt). Oder man erstürmt den Berg der **Basilique Notre-Dame-de-la-Garde** 13 und lässt vom höchsten Punkt der Stadt Papierflieger in den Himmel steigen.

In **Parks** wie Borély (s. S. 101), Longchamp (s. S. 78) oder am Palais du Pharo 17 steht Spielgerätschaft ohne Ende und die Kleinen können ungestört rutschen, klettern und schaukeln. Auch der Besuch des **Kindermuseums** Le Préau des Accoules (s. S. 34) ist eine tolle Aktion, genau wie das Stöbern in der Buchhandlung Maupetit (s. S. 15) Da sage noch jemand, dass man mit Kindern in Marseille nichts anfangen kann!

Kinderwebsites

- www.ideesdenfants.com
- www.tourismeenfamille.com
- www.pacamomes.com
- www.citizenkid.com
- www.marseille-tourisme.com/fr/a-marseille/que-faire/du-cote-des-enfants

Spiel- und Kletterschiff im griechischen Stil am Prado-Strand

Notfälle

Notruf

- **SAMU** (ärztlicher Rettungsdienst): 15
- **Polizei:** 17
- **Feuerwehr:** 18
- **Vergiftung:** Tel. +33 (0) 491752525
- **SOS Médecins** (Allgemeinmediziner): Tel. +33 (0) 491529152
- **SOS Dentistes** (Zahnarzt): Tel. +33 (0) 491853939

Kartensperrung

Bei **Verlust der Debit-(EC-)** oder der **Kreditkarte** gibt es für Kartensperrungen eine **deutsche Zentralnummer** (unbedingt vor der Reise klären, ob die eigene Bank diesem Notrufsystem angeschlossen ist). **Aber Achtung:** Mit der telefonischen Sperrung sind die Karten zwar für die Bezahlung/Geldabhebung mit der PIN gesperrt, nicht jedoch für das **Lastschriftverfahren mit Unterschrift.** Man sollte daher auf jeden Fall den Verlust zusätzlich **bei der Polizei zur Anzeige bringen,** um gegebenenfalls auftretende Ansprüche zurückweisen zu können.

In **Österreich** und der **Schweiz** gibt es keine zentrale Sperrnummer, daher sollten sich Besitzer von in diesen Ländern ausgestellten Debit-(EC-) oder Kreditkarten vor der Abreise bei ihrem Kreditinstitut über den zuständigen Sperrnotruf informieren.

Generell sollte man sich immer die **wichtigsten Daten** wie Kartennummer und Ausstellungsdatum **separat notieren,** da diese unter Umständen abgefragt werden.

064ml Abb.: mb

Briefkastenwand am ehemaligen Galeerenarsenal

- **Deutscher Sperrnotruf:** Tel. +49 116116 oder Tel. +49 3040504050
- **Weitere Infos:** www.kartensicherheit.de, www.sperr-notruf.de

Polizeipräsidium

144 [E3] **Hôtel de Police (Direction Départementale),** 2 Rue Antoine Becker, Tel. +33 (0) 491398000

Post

Eine Karte *(carte postale)* oder ein Brief *(lettre)* bis 20 g: innerhalb Frankreichs 0,68 €, nach Deutschland, Österreich oder in die Schweiz 0,95 €. Briefmarken *(timbres)* gibt es an den Postschaltern und in vielen *bureaux de tabac* („Tabakläden").

145 [E3] **La Poste Marseille Le Panier,** 3 Rue Caisserie, geöffnet: Mo.–Mi. u. Fr. 9–12 und 13.30–17.30, Do. 9.45–12 u. 13.30–17.30 Uhr, Sa. 9–12 Uhr

146 [F3] **La Poste Marseille Colbert** (Bureaux du 1er arr.), 25 Rue Colbert, geöffnet: Mo.–Fr. 9.30–18 Uhr, Sa. 9–12.30 Uhr

Radfahren

Marseille entdeckt das Rad und hat die neue Lust am Herumradeln in einen klug organisierten **Verleihservice** mit Fahrradstationen in der ganzen Stadt umgesetzt, das System **„Le Vélo"**. Es funktioniert ganz einfach: Bank- oder Abonnementkarte einschieben, einen Touchscreen antippen und das Rad ist gemietet. Achtung, ausländische Karten können nicht immer gelesen werden und wenn, wird pauschal eine Kaution von 150 € erhoben. Die Menüführung ist nur in französischer Sprache, hilfreich ist es also, sich bei der ersten Buchung von einem „Vélo-Insider" einweisen zu lassen.

Die Räder sind robust und werden **regelmäßig gewartet**, trotzdem sollten vorm Tritt in die Pedale Bremsen und Reifendruck überprüft werden. Sinnigerweise verlegt man die erste Tour in die Peripherie der Stadt, ist doch ein strampelnder Fahrradtouri für den eiligen Marseiller Autofreak noch immer ungewohnt und Rücksichtnahme auf diesen leichtgewichtigen Gegner die Ausnahme!

Wer es klassischer mag, der geht zum Fahrradverleih am Park Borély:

› **Tandem,** 16 Avenue du Parc Borély, Tél. +33 (0) 491226480, geöffnet: täglich 9–18.30 Uhr, Preisbeispiele: ½ Tag 16 €, 1 Tag 18 €, 7 Tage 70 €

Schwule und Lesben

Eine offene Homosexualität, wie sie zum Beispiel in Berlin schrill und manchmal provokant daherkommt, existiert in Marseille nicht. Der Austausch von Zärtlichkeiten vor Publikum ist verpönt und „Coming-outs" sind selten. Homosexuelle Liebe passiert eher im Privaten, einschlägige Lokalitäten lassen sich an zehn Fingern abzählen. Treffpunkte, an denen (auch) Schwule und Lesben verkehren, sind z. B. **Les Danaïdes** (s. S. 29) und sowie das **Polikarpov** (s. S. 31). Informationen über die Szene gibt es **im Internet** unter www.marseille.gaycities.com.

Sicherheit

Das Leben in Marseille ist nicht sicherer oder unsicherer als in jeder anderen europäischen Metropole. Völlig klar, dass man nicht mitten in der Nacht oder an einsamen Plätzen und am besten immer nur in Begleitung am **Bankomaten** Geld abheben sollte. Weiß man denn, wer da hinter der nächsten Ecke auf leichte Beute hofft? **„Objekte der Begierde"** bitte keinesfalls sichtbar im Auto liegenlassen. Und „Objekt der Begierde" kann eigentlich fast alles werden, selbst die Supermarkttüte mit Essbarem! Wenn man alleine fährt, sollte man immer die **Beifahrertür verriegeln** und das Handtäschchen hinter dem Sitz oder im Fußraum platzieren. Sonst geht es an der Ampel oder im Stau plötzlich blitzschnell und das gute Stück ist weg.

Sprache

In Marseille kommt man mit seinem **Schulfranzösisch** bestens zurecht, aber es braucht Konzentration, um die typische Marseiller Sprache („Le parler Marseillais") und die sehr speziellen Redewendungen zu verstehen. Auch mit **Englisch** kann man sicherlich hier und da weiterkommen. Deutsch wird nur selten verstanden und schon gar nicht gesprochen. Eine kleine **landessprachliche Vorbereitung** ist daher auf jeden Fall hilfreich.

Stadttouren

Rundfahrten

City Tour: Die Busse von N.A.P Tourisme fahren 2 bzw. 3 Stunden durch Marseille. Start ist vor dem Palais de la Bourse (25). Mit Audioführern in acht verschiedenen Sprachen, darunter Deutsch, geht es vom Vieux-Port über die Küstenstraße zur Basilique Notre-Dame-de-la-Garde (13) und nach 40 Minuten Aufenthalt zurück ins „alte“ Marseille sowie an der neuen Hafenanlage entlang (kleine Tour). Bei der großen, 3-stündigen Tour wird zudem das Palais Longchamps (21) angefahren.Hier hat man 20 Minuten Zeit für eine kleine Besichtigung der Anlage.

› **Auskunft und Ticketkauf** im Office du Tourisme et des Congrès (s. S. 111)

Petits Trains: Am Quai du Port Nr. 174 (150 m vom Rathaus (2) Richtung Fort Saint-Jean (9) entfernt) schnauft die kleine Bimmelbahn los, entweder durch die schmalen Gassen des Panier-Viertels oder aber an der Corniche entlang und hoch bis zur Basilique Notre-Dame-de-la-Garde (13). Beide Rundfahrten dauern eine gute Stunde und kosten 7 bzw. 8 €, Kinder bekommen Rabatt.

› www.petit-train-marseille.com.

Stadtrundgänge

Das Fremdenverkehrsamt bietet **Führungen** zu unterschiedlichen Themen der Stadtgeschichte an. Sie finden in französischer oder englischer Sprache statt und starten (wenn nicht anders angekündigt) um 10.30 Uhr direkt am **Office du Tourisme** (s. S. 111). Reservierungen sind erwünscht, entweder unter Tel. +33 (0) 826500500 oder direkt bei der Touristeninformation. Die Kosten belaufen sich auf 6–9 €.

Telefonieren

Die Kosten für den Gebrauch des eigenen **Handys** in Frankreich sind relativ hoch. Darum sollte man sich beim heimischen Provider nach dem günstigsten Roamingpartner für das jeweilige Netz erkundigen. Und nicht vergessen: Wer angerufen wird, zahlt genauso wie derjenige, der bei seinem Prepaid-Handy den Kontostand abfragt.

Geldkarten für öffentliche **Telefonzellen** bekommt man in den *bureaux de tabac,* bei der Post und allen Telefonanbietern.

In Frankreich sind die **Rufnummern** zehnstellig, bei Mobiltelefonen beginnen sie mit „06“. Im Südosten Frankreichs inklusive Marseille fangen die Festnetznummern mit den Ziffern „04“ (regionale Kennnummer) an. Vorwahlnummern gibt es nicht.

Bei Anrufen von Frankreich nach Deutschland, Österreich und in die Schweiz wird nach der **Landesvorwahl** die Anfangsnull der Rufnummer weggelassen, im umgekehrten Fall verfährt man genauso. (Für einen Anruf von Marseille nach Berlin würde man also z. B. +493012345678 wählen.)

› **nach Deutschland:** +49
› **nach Österreich:** +43
› **in die Schweiz:** +41
› **nach Frankreich:** +33
› **nationale Auskunft:** 12
› **internationale Auskunft:** 11 8700

Unterkunft

Allgemeines

Schlafen wie ein Murmeltier und ausgeruht die City stürmen! Gute und günstige **Hotels** sind in Marseille rar, im mittleren Preissegment dagegen vielfältig und in der Luxusklasse geradezu üppig. Eine frühe Reservierung ist in allen Fällen sinnvoll, dabei ist bei der Buchung übers Internet oftmals noch ein Schnäppchen drin! Die aufgelisteten Hotels befinden sich im Zentrum oder sind kinderleicht mit Metro und Bus zu erreichen.

Gästezimmer bei Privatfamilien, die sogenannten **chambres d'hôtes**, sind das mediterrane Pendant zu *bed and breakfast* und eine gute Alternative zu den Hotels. Abgesehen von dem Petit Jardin (s. S. 121) (zum Erreichen sind Bus und ein kleiner Fußmarsch vonnöten), die idyllisch in die Hügel oberhalb der Corniche Kennedy 41 eingebettet sind, sowie den Gästezimmern in der Calanque de Saména (hier benötigt man den Bus 19 Richtung Marseilles Süden) liegen alle beschriebenen Zimmer mitten in der Stadt. Sie sind sauber, gut ausgestattet und mit eigenem Bad und WC. Die Übernachtung für zwei Personen kostet zwischen 55 und 120 €, ein kleines Frühstück inklusive.

Das **Tourismusbüro** (s. S. 111) gibt eine Liste mit weiteren *chambres d'hôtes* heraus, doch Obacht, manche Zimmer sind ungepflegt, teuer und liegen an verkehrsreichen Straßen. Das Erstbeste ist oft die falsche Wahl, also kritisch bleiben und vergleichen.

Eine preiswerte Übernachtungsmöglichkeit bieten **Jugendherberge und Hostel.** Wer es gewohnt ist, komfortarm durch das Land zu reisen und sich durch das Schnarchen des Bettnachbarn nicht stören lässt, der ist hier fein untergebracht.

Preiskategorien Unterünfte

Preis für ein Doppelzimmer mit Frühstück:

€	bis 75 €
€€	75–150 €
€€€	ab 150 €

Unterkunftsempfehlungen

Gut und günstig

147 [H14] **Auberge de Jeunesse Bonneveine** €, Impasse du Docteur Bonfils, Tel. +33 (0) 491176330 , Fax +33 (0) 491739723, www.hihostels.com. Die klassische Jugendherberge liegt etwas außerhalb (nur mit Auto oder Bus zu erreichen), dafür jedoch **ganz nah am Meer.** In den Zimmern für 2 bis 8 Personen trifft sich ein munteres, internationales Klientel. Reservierung per E-Mail, Mitte Dez. bis Mitte Januar geschlossen.

148 [H5] **Hôtel de la Préfecture** €, 9 Boulevard Louis Salvator, Tel. +33 (0) 491339981, Fax +33 (0) 957241114. **Für kleines Geld:** 40 einfache Zimmer mitten in der Stadtmitte.

149 [H5] **Hôtel Première Classe Marseille Centre** €, 13 Rue Lafon, Tel. +33 (0) 491333429, Fax +33 (0) 491541059, www.premiereclasse.fr. **Einfach und gut:** prädestiniert für Marseillebesucher, die früh ausgehen und spät wiederkommen, die deswegen eine zentrale Lage schätzen und sich nicht lange über zu üppige Logiskosten ärgern wollen. Was man hier spart, ist in der Stadt besser ausgegeben.

•**150** [G2] **Hôtel Vertigo Centre** €, 42 Rue des Petites Maries, Tel. +33 (0) 491910711, Fax +33 (0) 954812843, www.hotelvertigo.fr. Pension, Herberge,

Hostel – von allem etwas und doch ganz anders. **Jung, bunt, cool und höchst gastfreundlich.** Überall findet man kleine Ecken und Plätzchen zum Abhängen und Quatschen. Ein freches Refugium, bahnhofsnah und mitten im Zentrum. Längst mehr als ein Geheimtipp! Seit 2010 gibt es außerdem das Hôtel Vertigo Vieux-Port (Tel. +33 (0) 491544295, www.hotelvertigo.fr). Eine wirkliche Luxus-Jugendherberge!

151 [F1] **Les Gens de Mer** €, 25 Rue de Forbin, Tel. +33 (0) 491911958, Fax +33 (0) 491560294, www.lesgensdemer.fr. Die Häuser der „Leute vom Meer" (ehemalige Matrosenheime) gibt es in acht verschiedenen französischen Hafenstädten. Erst seit 2000 für die „Öffentlichkeit" zugänglich, wird man heute sicher keinem flotten Matrosen oder bärtigem Kapitän mehr begegnen. Aber als Reminiszenz an alte Zeiten klebt an jeder Zimmertür ein kleiner roter Anker. **Die schlichten Zimmer sind auch Landratten zu empfehlen!**

Wohlfühlen und genießen

152 La Petite Calanque & La Villa d'Orient €€, 22, 30 Calanque de Saména, Tel. +33 (0) 612031843 und +33 (0) 603671638, www.lapetitecalanque.com, www.villadorient.com. Es ist schon ein besonderes Privileg, mitten in einem Nationalpark zu nächtigen. Draußen vor der Stadt, ganz nah am Meer und mit direktem Zugang zur grandiosen Calanque de Saména bewirtschaften Vincent und Christophe zwei schnuckelige Herbergen, die „Petite Calanque" und die „Villa Orient". **Gipfelstürmer, Wasserfreaks und Seelenbaumler** treffen sich auf einer der vielen Terrassen, das laute Marseille scheint Lichtjahre weit weg, der sonst so spröde Park gibt sich hier besonders gastfreundlich. (Buslinie 19 bis zur Endstation plus ein paar Gehminuten.)

153 [I8] **La Petite Maison** €€, 56 Rue Jean Mermoz, Tel. +33 (0) 491317463, www.petitemaisonamarseille.com. Alix Arnaud war eine der ersten, die in Marseille Gästezimmer vermietete. Sie bietet zur Begrüßung Café oder Saft an und steht mit Rat und Tat rund um „ihre" Stadt zur Seite. Das komfortable Zimmer befindet sich in der 6. Etage und ist schön hell und ruhig. Eine **ideale Unterkunft für ein Luxuswochenende zu zweit.** Gute, schnelle Metroverbindung ins Zentrum.

Ruhig und persönlich

154 [I3] **Hôtel Azur** €€, 24 Cours Franklin Roosevelt, Tel. +33 (0) 491427438, www.azur-hotel.fr. **Seit vier Generationen führt die freundliche Familie Mellouki das gepflegte Haus,** in dem es duftet, als würde es mitten in einem blühenden Lavendelfeld stehen. Bei schönem Wetter kann man sich auf der Terrasse am Frühstück laben.

155 [H3] **Hôtel Lutétia** €€, 38 Allées Léon Gambetta, www.hotelmarseille.com, Tel. +33 (0) 491508178, Fax +33 (0) 491502352. Was draußen im trockenen Marseille nicht wächst, ist drinnen im Empfangsraum eingetopft: Die Lieblingsfarbe des Chefs scheint grün zu sein. In den korrekt möblierten, sauberen Zimmern fehlt es an nichts. **Familiäre Atmosphäre in Bahnhofsnähe!**

156 [E3] **La Maison du Petit Canard** €, 48 Impasse Sainte-Françoise, Tel. +33 (0) 491914031, http://maison.petit.canard.free.fr. **Heimeliges, nett eingerichtetes Häuschen** mit kleiner Außenterrasse. Mitten im ältesten Viertel der Stadt heißen Maler Yousseff und seine deutsche Frau Steffi herzlich willkommen.

Besonders gut gelegen

157 [F4] **Grand Hôtel Beauvau – M'Gallery** €€€, 4 Rue Beauvau, Tel. +33 (0) 491549100, Fax +33 (0)

061ml Abb.: mb

491541576, www.grandhotelbeauvau marseille.com. Das waren noch Zeiten! Das grandiose Hotel eröffnete, als Napoléon III. in Europa unterwegs war und hat an Stil und Exklusivität über die Jahre sicher noch dazu gewonnen. Das Personal ist wohltuend „normal" und die **Lage am Vieux-Port 1 traumhaft.** Im Beauvau zu wohnen, ist mehr, als nur zu übernachten und das „Mehr" hat zu Recht seinen Preis!

158 [F4] **Hôtel Alizé** €€, 35 Quai des Belges, Tel. +33 (0) 491336697, www.alize-hotel.com. Schön, direkt am Vieux-Port 1 zu wohnen! **Die Wege zum Apéro und Dinner sind wunderbar kurz.** Ein feines Hotel mit freundlichem Empfang und gutem Service.

159 [F4] **Hôtel Carré Vieux-Port** €€, 6 Rue Beauvau, Tel. +33 (0) 491330233, Fax +33 (0) 491332134, www.hvpm.fr. Dieses Haus kann man gut riechen: Im netten Foyer duftet es fein und im Hintergrund läuft Musik. Ausnehmend freundliches Personal, gemütliche Zimmer und eine **gute Lage.** Was will man mehr?

160 [F3] **Hôtel Hermès** €-€€, 2 Rue Bonneterie, Tel. +33 (0) 496116363, Fax +33 (0) 496116364, www.hotel marseille.com. Bescheidenes, fünfgeschossiges **Hotel mit toller Dachterrasse** in einer Seitenstraße beim Vieux-Port 1. Die Chefin und Angestellte sprechen hier deutsch! Kuschelige Zimmer, davon eines das „Hochzeitszimmer", dass nicht nur für Frischvermählte eine gute Wahl ist.

161 [B6] **Hôtel Peron** €€, 119 Corniche John-F.-Kennedy, Tel. +33 (0) 491310141, Fax +33 (0) 491594201, www.hotelperon.com. In der vierten Generation geführtes Familienhotel. Wer den rauschenden Verkehr der Corniche mit dem fantastischen Meerblick, dem gastfreundlichen Service und den quietschbunten Gipsreliefs des Künstlers Boul gegenrechnet, ist hier bestens aufgehoben. Ein **Arthotel der besonderen Art!**

162 [G4] **Hôtel Saint Louis** €-€€, 2 Rue des Récolettes, Tel. +33 (0) 491540274, Fax +33 (0) 491337859, www.hotel-st-louis.com. Charmante Unterkunft mit großen, ansprechenden Zimmern und freundlichem Empfang. Die zentrale Lage im Quartier Noailles ist vorteilhaft für Nachtschwärmer.

163 [F4] **Ibis Budget** €-€€, 46 Rue Sainte, Tel. +33 (0) 892680582, Fax +33 (0) 491549575, www.ibis.com. com. Professionell geführtes „Kettenhotel" in einem historischen Gebäude am schönen Cours Honoré-d'Estienne-d'Orves 19 und **nur einen Katzensprung vom Vieux-Port 1** entfernt. Keine Angst vor lauten Nächten, die Fenster zum Platz sind ausreichend isoliert. Sensationelles Preis-Leistungs-Verhältnis, darum frühzeitig reservieren!

164 [E1] **Ibis Marseille Euroméditerranée** €€, 25 Boulevard de Dunkerque,

Das Hôtel Peron direkt an der Corniche Kennedy

Tel. +33 (0) 491992520, Fax +33 (0) 491992530, www.ibishotel.com. Die moderne, erst 2008 eröffnete Schlafburg mit ihren 192 (!!!) Zimmern **liegt direkt hinter den Docks** und ist ein sehr gutes Beispiel für funktionelles Hoteldesign. Hier bewegt man sich in der Anonymität eines großen Hauses, gleichwohl ist das Personal freundlich und aufmerksam.

165 [F10] **Pullman Marseille Palm Beach** €€€, 200 Corniche John-F.-Kennedy, Tel. +33 (0) 491161900, Fax +33 (0) 491161939, www.pullmanhotels.com. So nächtigt die bessere Gesellschaft. Klares Innendesign mit ein bisschen französischem Schnickschnack und stimmiger Bildkunst an den Wänden. Damit nicht genug: Mitten durchs Pullman sprudelt Wasser an einer nackten Felswand hinunter. **Mit Riesenterrasse und Pool direkt am Meer.** Ein guter Platz für ein Gläschen Champagner für circa 15 €.

Ausgefallene Konzepte

166 [E3] **Au Vieux Panier** €€, 13 Rue du Panier, Tel. +33 (0) 491912372, www.auvieuxpanier.com. Jessica Venediger hat sich hier ihren Traum verwirklicht: Chambre trifft Kunst. **Die fünf Zimmer sind durchgestylt bis ins Detail.** Die Räume erzählen vom Reisen, von kindlichen Fantasien oder werden nach dem Aufsetzen einer 3D-Brille (Room 3) zum farbwechselnden Hologramm. Der Höhepunkt im besten Wortsinn ist der Besuch der kleinen Dachterrasse mit Aussicht auf die filigranen Kuppelstrukturen der nahen Kathedrale.

167 [K11] **Hôtel Le Corbusier** €€, 280 Boulevard Michelet, www.hotellecorbusier.com, Tel. +33 (0) 491167800. Hier wird nicht geschlafen, hier wird in der dritten und vierten Etage Schlaf zelebriert! **Der Meister Le Corbusier hat persönlich Hand angelegt,** die spartanischen Zimmer sind genau vermessen und auf das Wesentliche reduziert. Wer die kreative Gesamtleistung hoch achtet – und wer tut das nicht –, kann sich nachts in die Nähe des Architekten träumen.

168 [I5] **Mama Shelter** €€, 64 Rue de la Loubière, Tel. +33 (0) 484352000, www.mamashelter.com. Er versucht sich an allem und dieses Projekt ist wahrlich gelungen: Philippe Starck, der Stern am französischen Designerhimmel, hat mit der angesagten Herberge die richtige Mischung getroffen. Die spartanische Ausstattung ist hochfunktionell, gleichwohl mit leichter Hand durch Starck-typische Accessoires aufgepeppt. Die Betten sind klasse und man kann sich bei Bedarf aus bunten Kondomgläsern bedienen. **Stylisches Schmankerl im Marseiller Hotellerie-Angebot.** *Bonne nuit!*

169 [H3] **Pension Edelweiss** €€, 6 Rue Lafayette, Tel. +33 (0) 951233511, www.pension-edelweiss.fr. Bernadette hat architektonisch etwas Feines vollbracht und vermietet nun die fünf herrlichen, komfortablen **Chambres d'Hôtes in zentraler Lage.** Frühstück gibts in der Pension, mittags ist ein Tagesgericht im Comptoir Dugommier (s. S. 28) Pflicht – schließlich liegt das gleich um die Ecke!

Gayfreundlich und offen

170 [D8] **Le Petit Jardin** €€, 136 Chemin du Vallon de l'Oriol, Tel. +33 (0) 491526965 oder +33 (0) 617432138, www.petitjardin.eu. Mauro Luzzi und sein Freund Serge haben in einem wunderschönen und küstennahen Viertel eine Wohlfühloase geschaffen. Die Zimmer „Afrique" und „Asie" sind liebevoll und mit viel Sinn fürs Detail eingerichtet, die Zuordnung zu dem jeweiligen Erdteil ist gelungen. Der Gast wird umhüllt von guten Energien und die Frösche im Garten quaken dazu. **Paradiesisch.**

Verhaltenstipps

Am besten …

… eine **Sonnenbrille** tragen. Das mediterrane Licht ist grell und kann ungeschützten Augen gefährlich werden.

… die häufigen **Verzögerungen bei Post, Bus und Bahn** frühzeitig einplanen. In dieser Stadt wird gerne jeder noch so kleine Anlass als Grund zum Streiken genommen.

… das freundliche „Bonjour" mit einem nachfolgenden „Madame" bzw. „Monsieur" anreichern. Die **höfliche Anrede** ist Entree und Mindestvoraussetzung für eine gute Kommunikation.

… nicht wesentlich früher als 20 Uhr zum **Abendessen** erscheinen, vorher bleibt die südländische Küche eh kalt.

… einen Espresso oder Café direkt **nach dem Essen** ordern. Alles andere oder gar das Verweigern des abschließenden Koffeinstoßes outet den Gast als „stillosen" Touristen.

… immer die **Öffnungszeiten** kontrollieren. Gründe für kurzfristige Abweichungen gibt es zuhauf: Mistral, Hitze, Personalmangel, Unpässlichkeit …

… an den **Bushaltestellen** deutlich und sichtbar gestikulieren, automatisch oder nur weil da jemand steht, tritt hier kein Busfahrer auf die Bremse.

… wissen, dass ein *demi-pression* kein halbes, sondern nur ein Viertelbierchen (250 ml) ist. Der halbe Liter **Bier** heißt *pint*.

… geduldig sein und zweimal hinhören, wenn man wegen des sehr speziellen Marseiller „Dialektes" („Le parler marseillais") und trotz eigener **Sprachkenntnisse** nicht gleich alles versteht!

… sich nicht als **Fan von Paris Saint-Germain**, des ärgsten Olympique-de-Marseille-Konkurrenten, zu erkennen geben. Man wird umgehend mit Verachtung bestraft!

… den **Supermarkt** nur durch den vorgeschriebenen Eingang betreten. Sich durch die Kassen hineinzumogeln ruft das geballte Security-Rudel auf den Plan.

Verkehrsmittel

Bus, Metro und Tramway

„Ein Besuch in Marseille beginnt mit der RTM", so lautet die Werbung des städtischen Verkehrsbetriebes Régie des Transports de Marseille und tatsächlich sind Bus, Metro und Tramway die beste Alternative zum alltäglichen Autochaos.

Die Stadt verfügt über ein gut ausgebautes **Busnetz**, zwei **Metro-** sowie drei **Tramlinien.** Busse fahren von den frühen Morgenstunden an, aber je nach Linie nur bis 19 bzw. 22 Uhr abends. Metro und Straßenbahn verkehren täglich von 5 bis 0.30 Uhr. **Achtung:** Am 1. Mai fahren keine öffentlichen Verkehrsmittel!

Mit der aufladbaren Fahrkarte **TRANSTICK** kann man eine Stunde lang alle Verkehrsmittel (die Metro jedoch nur einmal) nutzen, und das zu einem Preis von 1,60 € für die erste Fahrt, für alle weiteren nur noch 1,50 € (10er-Pack 13,40 €, Tageskarte 5,20 €, 3-Tages-Karte 10,80 €). Mit der aufladbaren **Carte Transpass** – dafür sind Personalausweis und ein **Lichtbild** (!) erforderlich – sind die Tarife günstiger: Ein 7-Tage-Abonnement kostet beispielsweise nur 13,70 €! Im Bus kann man ausschließlich Einzeltickets zum Preis von 1,90 € erwerben.

062ml Abb.: mb

- www.rtm.fr
- Fahrpläne, Kartenkauf und Auskunft in der Metrostation des Hauptbahnhofes

Taxi

Das Angebot an Taxis ist ausreichend und entspricht großstädtischem Standard. Wenn man einen Wagen der **etablierten Fuhrunternehmen** erwischt (oder besser telefonisch vorbestellt hat), sind Service und Preis absolut korrekt. Daneben gibt es zahlreiche **Einzelkämpfer,** von denen sich manche mit dem als Tourist erkannten Gast das schnelle Geld „erfahren" wollen. Drum: Vorher auf den Stadtplan schauen und die ungefähre Streckenlänge bis zum Ziel abschätzen. Vor Fahrtantritt einen **Fixpreis** vereinbaren und keine Skrupel haben, das mit einem treuen Augenaufschlag offerierte Wucherschnäppchen auszuschlagen und es beim nächsten Chauffeur aufs Neue anzugehen. Denn das beliebte Spiel des Marseiller Taxiunderground heißt Touristenschröpfen: Wer schafft die fetteste Beute auf kürzestem Weg?

Ungefähre Preise für eine Fahrt: Grundgebühr 1,90 €, Kilometerpreis tagsüber 1,60 €, nachts 2 €, 1 bis 2 € Gepäckkosten.

- **Les Taxis Marseillais,** www.lestaxismarseillais.com, Tel. +33 (0) 491929292

Fähren

Bootsfahrt zu den Frioul-Inseln

Abfahrt am Quai des Belges [F4] mit dem **Frioul-If-Express.** Wahlweise zur Insel If und Pomègues/Ratonneau oder aber nur zu den großen Inseln. Fahrplan und Auskünfte am Reedereikiosk, im Office du Tourisme (s. S. 111) und im Internet unter www.lepilote.com.

Mehrstündige Schiffstouren in die Calanques

Abfahrt ist am Quai des Belges [F4] mit **Icard Maritime** oder **Croisières Marseille Calanques.** Informationen über Abfahrtszeiten, Reiselänge und Ziele gibt es am Stand vor der Anlegestelle oder im Internet unter www.visite-des-calanques.com bzw. www.croisieres-marseille-calanques.com.

Wetter und Reisezeit

Das mediterrane Klima von Marseille verspricht **ganzjährig gutes Wetter** mit einem trockenheißen Sommer, angenehmen Frühlings- und Herbsttemperaturen und einem milden Winter, beste Bedingungen also für fröstelnde Nordländer.

Nicht vorhersehbar ist der Auftritt des **Mistrals**, der in der Hitze des Sommers angenehm kühl, in den Wintermonaten dagegen eisig ist (an winddichte Kleidung denken!).

In den Monaten Juli und August erreichen die **Temperaturen** rund 35 °C und es sind **große Ferien** der Franzosen, die mit Kind und Kegel ans Meer drängen – klar, dass Flug- und Hotelpreise ansteigen. Fazit: Reisezeit ist eigentlich immer (abgesehen von den kälteren Monaten Dezember und Januar), auch, weil die meisten Lokale und Museen auf Hitzefrei und Winterschlaf verzichten. Mit mehr als 300 Sonnentagen pro Jahr ist Marseille die Traumstadt für City-Fans und Meerhungrige!

KURZ & KNAPP

Mistral

Der Wind kommt kalt daher, vom Atlantik in breiter Front, bündelt seine Kräfte im mittleren Frankreich, biegt in das Rhonetal ein und donnert mit zunehmender Geschwindigkeit gen Süden. Er weht nicht mehr, er bläst – etwa hundert Tage im Jahr und dabei pausenlos, schier unermüdlich. Der Mistral hechelt über die Hügel rund um die Stadt, pustet kaltherzig und gnadenlos das letzte zarte Wölkchen vom stahlblauen Himmel, zerrt an Dachziegeln und Weiberröcken, outet Toupetträger, rötet Bindehäutchen und fegt Croissants von den Tellern. Wer dem „Meister" (Mistral kommt vom provenzalischen „maître") im Weg steht, wird gebogen oder gebrochen. Pflanzen, Tiere und Menschen ducken sich weg, verkümmern, frieren oder fluchen. Der schlaue Franzose aber arrangiert sich, nimmt den windigen Rhythmus an und wartet geduldig auf das Ende des Blaskonzertes.

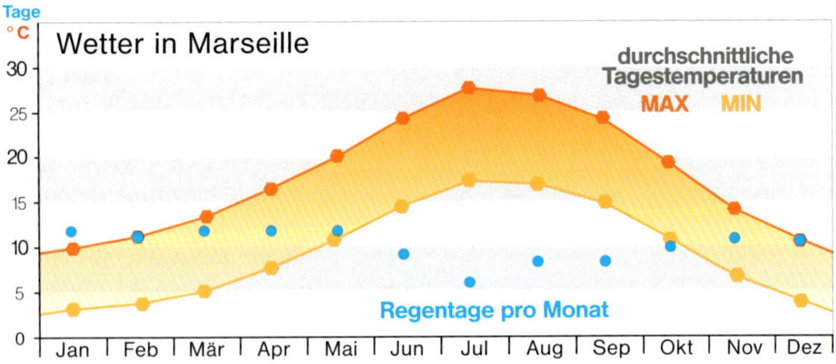

ANHANG

063ml Abb.: mb

Kleine Sprachhilfe

Die folgenden Wörter und Redewendungen wurden dem Reisesprachführer „Französisch – Wort für Wort" (Kauderwelsch-Band 40) aus dem REISE KNOW-HOW Verlag entnommen.

Lautschrift

Hier sind diejenigen Lautschriftzeichen aufgeführt, deren Aussprache abweichend vom Deutschen ist bzw. sein kann

sh	stimmhaftes „sch" wie das zweite „g" in „Garage"
s	stimmhaftes „s" wie in „Rose"
ß	stimmloses „s" wie in „Bus"
e	langes „e" wie in „Tee"
ö	unbetont wie auslautendes „e" in „Hose"
ã	nasaliertes „a" wie in „Abonnement"
ẽ	nasalierter „ä"/„ö"-Laut wie in „Mannequin"
õ	nasaliertes „o" wie in „Beton"

Häufig gebrauchte Wörter und Redewendungen

oui	(ui)	ja
non	(nõ)	nein
merci	(märßi)	danke
s'il vous plaît	(ßilwu plä)	bitte
Salut!	(ßalü)	Hallo!
Salut!	(ßalü)	Tschüss!
Bonjour!	(bõshur)	Guten Tag!
Bonsoir!	(bõßoar)	Guten Abend!
Au revoir!	(oh röwoar)	Auf Wiedersehen!
Pardon! / Excusez-moi!	(pardõ / äxküse-moa)	Entschuldigung!

Zahlen

1	(ẽ, ün)	*un, une*
2	(dö)	*deux*
3	(troa)	*trois*
4	(katr)	*quatre*
5	(ßẽk)	*cinq*
6	(ßiß)	*six*
7	(ßät)	*sept*
8	(üit)	*huit*
9	(nöf)	*neuf*
10	(diß)	*dix*
11	(õs)	*onze*
12	(dus)	*douze*
13	(träs)	*treize*
14	(kators)	*quatorze*
15	(kẽs)	*quinze*
16	(säs)	*seize*
17	(dißät)	*dix-sept*
18	(dißüit)	*dix-huit*
19	(dißnöf)	*dix-neuf*
20	(wẽ)	*vingt*
30	(trãt)	*trente*
40	(karãt)	*quarante*
50	(ßẽkãt)	*cinquante*
60	(ßwaßãt)	*soixante*
70	(ßwaßãtdiß)	*soixante-dix*
80	(katrwẽ)	*quatre-vingt*
90	(katrwẽdiß)	*quatre-vingt-dix*
100	(ßõ)	*cent*

Die wichtigsten Zeitangaben

hier	(jär)	gestern
aujourd'hui	(oshurdüi)	heute
demain	(dömẽ)	morgen
après-demain	(aprä dömẽ)	übermorgen
le matin	(lö matẽ)	morgens
à midi	(a midi)	mittags
l'après-midi	(laprä midi)	nachmittags
le soir	(lö ßoar)	abends
la nuit	(la nüi)	nachts
tous les jours	(tu le shur)	täglich
avant	(awã)	früher
plus tard	(plü tar)	später
maintenant	(mẽtönã)	jetzt
tôt	(toh)	früh

Die wichtigsten Fragewörter

qui?	(ki)	wer?	*comment?*	(komẽ)	wie?
quoi?	(qua)	was?	*combien?*	(kõbiẽ)	wie viel?
où?	(u)	wo?	*quand?*	(kã)	wann?
d'où?	(du)	woher?	*depuis quand?*	(döpüi kã)	seit wann?
où?	(u)	wohin?	*combien de temps?*	(kõbiẽ dö tã)	wie lange?
pourquoi?	(purqua)	warum?			

Die wichtigsten Richtungsangaben

à droite	(a droat)	rechts / nach rechts	*proche / près d'ici*	(prosch / prä dißi)	nah/ in der Nähe
à gauche	(a gohsch)	links / nach links	*loin*	(loẽ)	weit
			de retour	(dö rötur)	zurück
tout droit	(tu droa)	geradeaus	*le carrefour*	(karfur)	die Kreuzung
en face	(ã faß)	gegenüber	*le feu*	(fö)	die Ampel
ici	(ißi)	hier	*au coin*	(o koẽ)	an der Ecke
là	(la)	dort	*au centre*	(o ßätr)	im Zentrum
juste ici	(shüst ißi)	gleich hier	*dehors de la ville*	(döor dö la wil)	außerhalb der Stadt

Die wichtigsten Floskeln und Redewendungen

Soyez le bienvenu! / Soyez la bienvenue!	(ßoaje lö/ la biẽwönü)	Herzlich willkommen! (m/w)
Comment allez-vous?	(komãtalewu?)	Wie geht es Ihnen?
Ça va?	(ßa wa?)	Wie gehts?
Ça va.	(ßa wa?)	Danke gut.
Bonne chance!	(bõn schãß)	Viel Erfolg!
Je ne sais pas.	(shö nö ßä pa)	Ich weiß nicht.
Bon appétit!	(bõ apeti)	Guten Appetit!
A votre santé!	(a wotr ßãte)	Zum Wohl!
L'addition, s'il vous plaît!	(ladißjõ, ßilwuplä)	Die Rechnung bitte!
Félicitations!	(felißitaßjõ)	Glückwunsch!
Dommage!	(dohmash)	Schade!
Je suis désolé(e)!	(shö ßüi desole)	Es tut mir sehr Leid!
Est-ce qu'il y a ...?	(äß kilja ...)	Gibt es ...?
Est-ce que vous avez ...?	(äß kö wusawe ...)	Haben Sie ...?
J'ai besoin de ...	(shä bösõ dö ...)	Ich brauche ...
S'il vous plaît, donnez-moi ...	(ßilwuplä, done-moa ...)	Geben Sie mir bitte ...
Où est-ce qu'on peut acheter ...?	(u äß kõ pö aschte ...)	Wo kann man ... kaufen?
Combien coûte ...?	(kõbiẽ kut ...)	Wie viel kostet ...?
Je cherche ...	(shö schärsch ...)	Ich suche ...
Où est ...?	(u ä ...?)	Wo ist ...?
Où se trouve ...?	(u ßö truw ...?)	Wo befindet sich ...?
Je veux aller à ...	(shö wö ale a ...)	Ich möchte nach ...

Kleine Sprachhilfe

Pourriez-vous m'emmener à ...?	(purie wu mãmöne a?)	Bringen Sie mich zu/nach ...
Aidez-moi, s'il vous plaît!	(äde-moa, ßilwuplä)	Helfen Sie mir bitte!
A quelle heure?	(a käl-ör?)	Um wie viel Uhr?
Vous permettez?	(wu pärmäte?)	Gestatten Sie?

Nichts verstanden? – Weiterlernen!

Je parle seulement un peu.	(shö parl ßölmã ẽ pö)	Ich spreche nur ein bisschen.
Comment?	(komã?)	Wie bitte?
Je n'ai pas/ rien compris.	(shö nä pa/ riẽ kõpri)	Ich habe nicht/ nichts verstanden.
Est-ce que quelqu'un parle anglais?	(äß-kö kälkẽ parl ãglä?)	Spricht hier jemand Englisch?
Comment traduit-on ... en français?	(komã tradüitõ ... ã frãßä?)	Was heißt ... auf Französisch?
Comment prononce-t-on ce mot?	komã pronõßtõ (ßö moh?)	Wie spricht man dieses Wort aus?
Répétez, s'il vous plaît!	(repete, ßilwuplä)	Wiederholen Sie bitte!
Parlez plus lentement, s'il vous plaît!	(parle plü lãtmã, ßilwuplä)	Sprechen Sie bitte langsamer!
Pourriez-vous me l'écrire, s'il vous plaît?	(purie-wu mö lekrir, ßilwuplä?)	Können Sie mir das bitte aufschreiben?

Wochentage

lundi	(lẽdi)	Montag
mardi	(mardi)	Dienstag
mercredi	(märkrödi)	Mittwoch
jeudi	(shödi)	Donnerstag
vendredi	(wẽdrödi)	Freitag
samedi	(ßamdi)	Samstag
dimanche	(dimãsch)	Sonntag

Jahreszeiten

le printemps	(prẽtã)	Frühling
en printemps	(ã prẽtã)	im Frühling
l'été	(ete)	Sommer
en été	(ãn-ete)	im Sommer
l'automne	(ohton)	Herbst
l'hiver	(iwär)	Winter
la saison	(ßäsõ)	Jahreszeit

Monate

janvier	(shãwie)	Januar
février	(fewrie)	Februar
mars	(marß)	März
avril	(awril)	April
mai	(mä)	Mai
juin	(shüẽ)	Juni
juillet	(shüijä)	Juli
août	(ut)	August
septembre	(septẽbr)	September
octobre	(oktobr)	Oktober
novembre	(nowẽbr)	November
décembre	(deßẽbr)	Dezember

Das komplette Programm zum Reisen und Entdecken von

REISE KNOW-HOW

- **Reiseführer** – alle praktischen Reisetipps von kompetenten Landeskennern
- **CityTrip** – kompakte Informationen für Städtekurztrips
- **CityTrip**PLUS – umfangreiche Informationen für ausgedehnte Städtetouren
- **InselTrip** – kompakte Informationen für den Kurztrip auf beliebte Urlaubsinseln
- **Wohnmobil-Tourguides** – alle praktischen Reisetipps für Wohnmobil-Reisende
- **Wanderführer** – exakte Tourenbeschreibungen mit Karten und Anforderungsprofilen
- **KulturSchock** – Orientierungshilfe im Reisealltag
- **Kauderwelsch Sprachführer** – vermitteln schnell und einfach die Landessprache
- **Kauderwelsch plus** – Sprachführer mit umfangreichem Wörterbuch
- **world mapping project™** – aktuelle Landkarten, wasserfest und unzerreißbar
- **Edition Reise Know-How** – Geschichten, Reportagen und Abenteuerberichte

Register

Register

Die Autorin

Die gebürtige Herforderin **Michaela Beimfohr** erwarb ihre ersten journalistischen Meriten in der Redaktion einer kleinen süddeutschen Zeitung. Das Schreiben ist bis heute ihre Passion geblieben, zudem übersetzt sie, arbeitet im internationalen Kulturaustausch und organisiert und begleitet Reisen. Ihre Lust auf den sensiblen Umgang mit dem Wort sowie ihre Liebe zur französischen Sprache und zu Marseille prädestinieren sie zum Zeichnen eines authentischen Porträts der spröden, gleichwohl wunderschönen Hafenstadt. Michaela Beimfohr lebt und arbeitet seit nunmehr zehn Jahren in Marseille.

Schreiben Sie uns

Dieses Buch ist gespickt mit Adressen, Preisen, Tipps und Daten. Unsere Autoren recherchieren unentwegt und erstellen alle zwei Jahre eine komplette Aktualisierung, aber auf die Mithilfe von Reisenden können sie nicht verzichten. Darum: Teilen Sie uns bitte mit, was sich geändert hat oder was Sie neu entdeckt haben. Gut verwertbare Informationen belohnt der Verlag mit einem Sprachführer Ihrer Wahl aus der Reihe „Kauderwelsch".

Kommentare übermitteln Sie am einfachsten, indem Sie die Web-App zum Buch aufrufen (siehe Umschlag hinten) und die Kommentarfunktion bei den einzelnen auf der Karte angezeigten Örtlichkeiten oder den Link zu generellen Kommentaren nutzen. Wenn sich Ihre Informationen auf eine konkrete Stelle im Buch beziehen, würde die Seitenangabe uns die Arbeit sehr erleichtern. Unsere Kontaktdaten entnehmen Sie bitte dem Impressum.

Impressum

Michaela Beimfohr

CityTrip Marseille

5., neu bearbeitete und komplett aktualisierte Auflage 2015

ISBN 978-3-8317-2684-4
Printed in Germany

Druck und Bindung: Media-Print, Paderborn

Herausgeber: Klaus Werner
Layout: amundo media GmbH (Umschlag, Inhalt), Peter Rump (Umschlag)
Lektorat: amundo media GmbH
Karten: Ingenieurbüro B. Spachmüller, amundo media GmbH
Anzeigenvertrieb: KV Kommunalverlag GmbH & Co. KG, Alte Landstraße 23, 85521 Ottobrunn, Tel. 089 928096-0, info@kommunal-verlag.de
Kontakt: Osnabrücker Str. 79, 33649 Bielefeld, info@reise-know-how.de

Bildnachweis

Umschlagvorderseite und -klappe: Michaela Beimfohr (mb)
Alle in diesem Buch verwendeten Bilder stammen von der Autorin Michaela Beimfohr (mb).

Liste der Karteneinträge

Liste der Karteneinträge

Hier nicht aufgeführte Nummern liegen außerhalb der abgebildeten Karten. Ihre Lage kann aber wie die von allen Ortsmarken im Buch mithilfe der Web-App angezeigt werden (s. r.).

Marseille mit PC, Smartphone & Co.

QR-Code auf dem Umschlag scannen oder **www.reise-know-how.de/citytrip/marseille15** eingeben und die **kostenlose Web-App** aufrufen (Internetverbindung zur Nutzung nötig)!

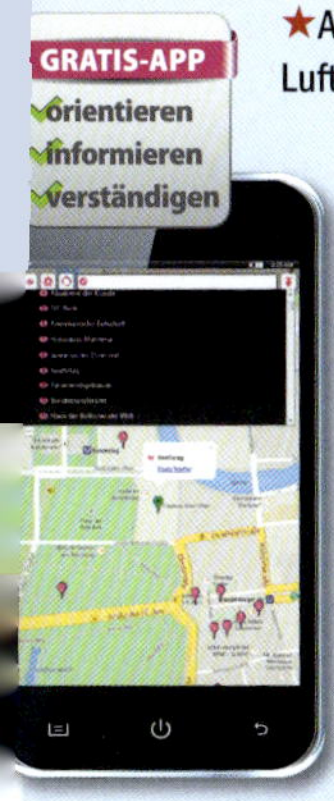

- ★**Anzeige der Lage und Luftbildansichten aller** beschriebenen Sehenswürdigkeiten und weiteren Orte
- ★**Routenführung** vom aktuellen Standort zum gewünschten Ziel
- ★**Exakter Verlauf** des empfohlenen Stadtspaziergangs
- ★**Audiotrainer** der wichtigsten Wörter und Redewendungen
- ★**Aktuelle Infos** nach Redaktionsschluss

GPS-Daten zum Download

Auf der Produktseite dieses Titels unter www.reise-know-how.de stehen die GPS-Daten aller Ortsmarken als KML-Dateien zum Download zur Verfügung.

Stadtplan für mobile Geräte

Um den Stadtplan auf Smartphones und Tablets nutzen zu können, empfehlen wir die App „PDF Maps" der Firma Avenza™. Der Stadtplan wird aus der App heraus geladen und kann dann mit vielen Zusatzfunktionen genutzt werden.

Apps zu Marseille

Eine Auswahl an **empfehlenswerten Marseille-Apps** finden Sie auf S. 112.

Zeichenerklärung

11 Hauptsehenswürdigkeit, fortlaufend nummeriert
[L6] Verweis auf Planquadrat im City-Faltplan

Arzt, Apotheke, Krankenhaus

Bahnhof
Bar, Klub
Bibliothek
Café, Eiscafé
Denkmal
Galerie
Geschäft, Kaufhaus, Markt
Fischrestaurant
Hotel, Unterkunft
Imbiss
Informationsstelle
Internetcafé
Jugendherberge, Hostel
Kino
Kirche
Metro
Museum
Musikszene, Disko
Parkplatz
Chambre d'hôtes
Polizei
Postamt
Restaurant
Sonstiges
Straßenbahn
Sehenswürdigkeit
Sporteinrichtung
Theater
Weinstube

Stadtspaziergang (s. S. 8)

Shoppingareale
Gastro- und Nightlife-Areale

L'Estaque
l'Estaque
45
6
A 55
33
les Aygalades
A 7
5
34
St-Joseph
les Arnavaux
St-Louis
35
4
36
la Madrague-de-la-Ville
Detailkarte
Detailkarte Altstadt
10
6
28
9
1
Vieux-Port
41
13
Vauban
La Capelette
38
Iles du Frioul
Ile Ratonneau
44
Iles du Frioul
Ile Pomègues
Bonneveine
MITTELMEER
la Pointe Rouge
Montredon
Massif de Callelongue
Les Goudes
43
Cap Croisette
Ile Maire

0
1cm = 1000 m
2000 m
©Reise Know-How 2015
Château
Gombert
Plan-de-Cuques
la Batarelle
le Merlan
Croix-
Rouge
St-Jerôme
Allauch
les Olives
St-Just
la Rose
St-Julien
les
Trois-Lucs
Camoins-
les-Bains
Zentrum
la Valentine
les
Camoins
St-Barnabé
la Pomme
4
A 50
5
3
2
St-Marcel
St-Menet
La Penne-
sur-Huveaune
St-Loup
Ste-Marguerite
Chaîne
de
St-Cyr
le Cabot
la Panousse
Valmante
40
le Redon
Mazargues
Luminy
Puget
Massiv
de
Marseilleveyre
Calanque
Marseilleveyre

Marseille, Umgebung

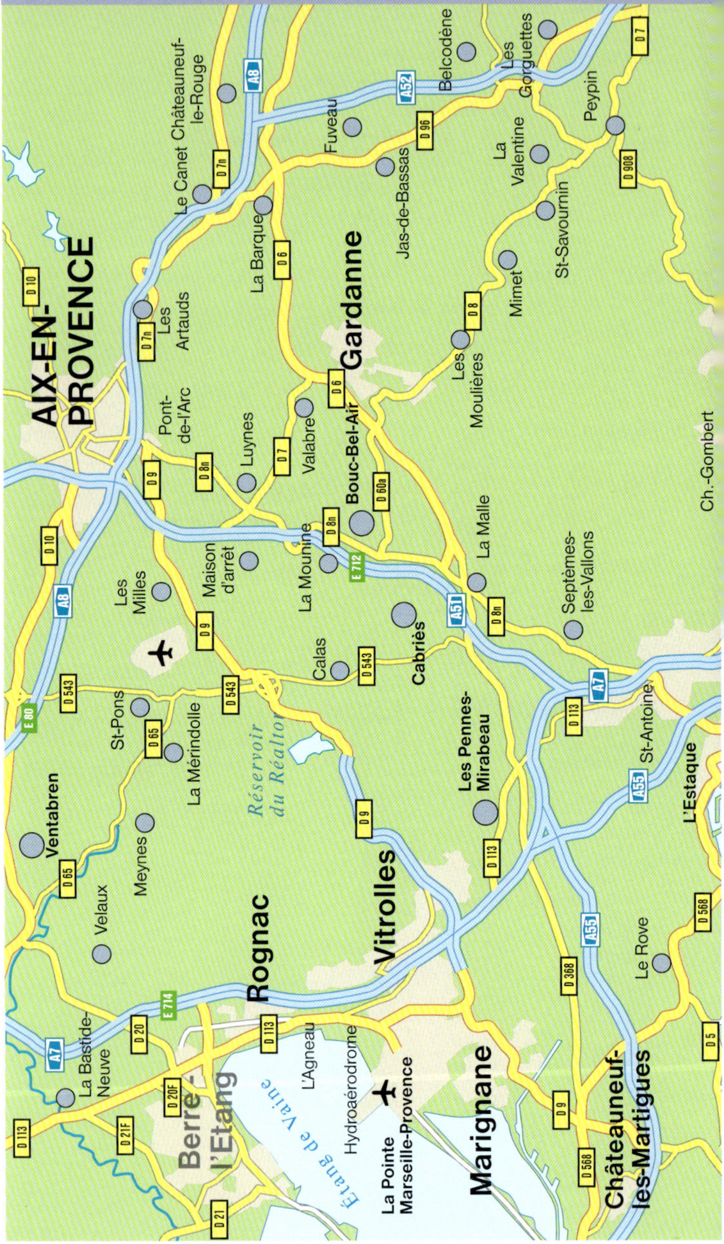

0
1cm = 2000 m
4000 m
©Reise Know-How 2015
Roquevaire
Pont-de-l'Etoile
D 96
A501
Aubagne
D 559a
La Penne-sur-Huveaune
Carnoux-en-Provence
D 41e
A50
D 559
Cassis
Plan-de-Cuques
D 4a
D 908
Allauch
La Valentine
D 2
St-Marcel
St-Julien
La Pomme
La Rose
St-Jerôme
La Capelette
Redon
Morgiou
St-Joseph
D 4
Les Arnavaux
St-Just
MARSEILLE
Valmante
Sormiou
Ile Calseraigne
E 712
Carénage
Prado
La Pointe-Rouge
La Madraque-de-Montredon
Montredon
Les Goudes
Ile de Jarre
Ile de Riou
St-Louis
La Madraque-de-la-Ville
Ile Ratonneau
Ile d'If
Iles du Frioul
Cap Croisette
Ile Maïre
Rade de Marseille
Niolon
Ile Pomègues
Cap Caveaux
Ilot Planier
MER MÉDITERRANÉE
Redonne
Madrague-de-Gignac
D 9

Marseille
Bassin de la
Grande Joliette
Jean Charcot
Gare Maritime
de la Major
Quai
Rue de Mazenod
R. Marchetti
Esplanade
de la Major
10
Cathédrale
de la Major
Place de
la Major
Vieux-
Port
Avenue Vaudoyer
Rue de la Cathédrale
Rue de la Tourette
Rue St-Thome
Villa
Méditerranée
MuCEM
Esplanade de la Tourette
4
Square Protis
Rue Saint-Laurent
Avant Port
de la Joliette
Eglise
St-Laurent
8
Place
Château-Joly
des Marseillais
Avenue
38
Fort
St-Jean
9
100
Quai
Tunnel Saint-Laurent
Palais
du Pharo
17
Allée du Médecin Colonel Eugène Jamot
Parc du
Pharo
Port de la
Réserve
Esplanade du Pharo
Fort
St-Nicolas
Quai Marcel Pagnol
Boulevard Charles Livon
Boulevard Charles Livon
Monument
aux Morts
Bassin de
Carénage
Rue
Avenue
Rue de Suez
Le Pharo
Fort
d'Entrecasteaux
Rampe Saint-Maurice
Rue des Catalans
53
Rue Papety
Le St-Nicolas
Rue
Rue César Aleman
Charras
Pasteur
Rue Crinas
Caserne
d'Aurelle
115
Av. de la
Avenue de
Rue Girardin
2
3
4
5
C
D